AF220056

Rainer Maschke

Das Verharren in der Komfortzone

Sechs Thesen, sechs Reden

Dieses Buch widme ich meinem Sohn Dr. Konstantin Maschke

Bad Homburg, 2021

FSC
www.fsc.org
MIX
Papier aus ver-
antwortungsvollen
Quellen
Paper from
responsible sources
FSC® C105338

© 2020 Maschke, Rainer

Herstellung und Verlag: BoD – Books on Demand, Norderstedt

ISBN: 9783751960335

Inhalt

1. Vorbemerkung des Autors

Was veranlasste mich, dieses Buch zu schreiben? Vor vier Jahren hatte ich das Bedürfnis, mich über den Zeitgeist weitestgehend objektiv zu informieren, um mir selbst eine realistische Meinung bilden zu können. Ich wollte nicht die Statements aus den Medien ungefiltert als meine Meinung annehmen, dies entspricht weder meiner Denkweise noch meinem beruflichen Werdegang als Systemanalytiker. Analytiker sind Menschen, die den Sachlagen auf den Grund gehen, um dann fachlich begründete Vorlagen für Entwicklungen oder Entscheidungen zu geben. Der Wunsch, mich zu informieren, wurde durch das immer deutlicher werdende Misstrauen gegenüber der Politik, den Medien und dem Gerede der Menschen geschürt. Für mich entwickelte sich ein unstimmiges Mosaik, meine Zweifel wuchsen. Es passte vieles nicht in meinen Erfahrungsschatz. Die Masse Mensch neigt dazu, das dreimal Gehörte schnell als ihre eigene Meinung anzunehmen. Eine für mich untragbare Geisteshaltung.

Ich bin in einem Elternhaus groß geworden, in dem ich mit meinen Geschwistern schon sehr früh an die Realität und deren Akzeptanz herangeführt wurde. Wir haben als Kinder und

Jugendliche klar erkannt, dass Realität nicht gleichbedeutend mit schlecht ist. Realität hat sich uns über die Jahre hinweg im Guten wie im Schlechten gezeigt. Im Übrigen haben wir in der Familie das erfahren, was man gemeinhin als Nestwärme bezeichnet. Ein Weicheigehabe gab es für uns nicht. Wir Kinder haben diesen Charakterzug verachtet, da dieser häufig mit mangelnder Courage einhergeht, es wird zu oft die Fahne in den Wind gehängt. Wir vertraten die Meinung, auf feige Menschen könne sehr schnell kein Verlass mehr sein.

Natürlich gab es bei uns zuhause Streit und Sanktionen, die aber oft mit Kindesraffinesse abgefedert werden konnten. Auch Mut hat seine Grenzen, besonders dann, wenn sich keine unmittelbare Möglichkeit bietet, sein Hab und Gut zu schützen – ich denke hier an Raub und Diebstahl. Aber wir hatten ein Gedächtnis, um bei passender Gelegenheit nach Revanche zu trachten, nicht unbedingt nach Rache.

Früh wurde in Gesprächen an unseren gesunden Menschenverstand appelliert. Probleme und Situationen wurden in der Familie klar analysiert. Dies ist durchaus mit Jugendlichen durchführbar. Jugendliche wie Kleinkinder zu behandeln kommt dem späteren Erwachsenen nicht zugute, gefühlvolles und realitätsbezogenes Verständnis mit Augenmaß hingegen schon. Da unsere Eltern über einen ausgeprägten Sinn für Taktik, Diplomatie und einen Instinkt für richtig und falsch verfügten, hatten wir uns daran angelehnt. Im Nachhinein hatten wir aus meiner Sicht eine sehr schöne Jugend, trotz Dresche und Sanktionen, die zumindest bei mir oft gerechtfertigt waren. Dies alles fördert beim Kind und beim Jugendlichen eine gewisse Raffinesse, um Bestrafungen auszuweichen und Vorteile zu nutzen. Nicht jedes Kind hält dem stand, denn jeder hat unterschiedliche Empfindlichkeiten.

Ich gestehe, dass nicht jedes Kind diese Form der Erziehung im Nachhinein als richtig empfindet. Allerdings beeinflusste meine von der Kindheit geprägte Kompetenz, mich emotional von Sachverhalten zu distanzieren und einen objektiven Blickwinkel einzunehmen, meine geschäftliche Karriere nachhaltig.

Während meiner BWL-Ausbildung gründete ich ein Unternehmen mit dem Gegenstand der Softwareentwicklung und IT-Systemanalyse. Dieses Unternehmen existiert noch heute, ohne jemals einem wirtschaftlichen Sturm ausgesetzt gewesen zu sein. Der wirtschaftliche Erfolg, gepaart mit Glück, hat mir ein Flugzeug, zwei Schiffe und einen Oldtimer geschenkt – nacheinander, versteht sich.

Zu unterschiedlichen gesellschaftlichen Anlässen bewege ich mich gerne, auch mit mir bis dato unbekannten Menschen, auf dem Niveau des *Smal Talks*. Zwar dient dies lediglich dem Austausch höflicher Banalitäten, lässt aber den Verlauf der Begegnung friedlich vonstattengehen. Sollte doch jemand der Meinung sein, mir seine ideologischen Klugheiten eintrichtern zu müssen, so lasse ich ihn heute reden. Würde ich reagieren und agieren, so wäre die Konversation beendet. Dem Gastgeber würde dies nicht gefallen.

In diesem Buch benutze ich den Begriff des Flachdenkers. Dieser ist nach meiner Definition ein Mensch, dem es an den Tugenden der Kritikfähigkeit, des Erkennens und des Abwägens mangelt. Er greift oft auf ideologische Hintergründe zurück. Man könnte es auch etwas deutlicher formulieren: Er ist ein realitätsfremder Mensch, der ausschließlich das Gute sehen will, Probleme ausblendet und sich gerne der Massenmeinung unterwirft. Diesen Menschen fehlt es in aller Regel auch an Zivilcourage oder auch an analytischem Denkvermögen, um Sachlagen objektiv abzuwägen. Zu vermissen ist bei diesem Typus im Auge des Realisten auch ausreichend Tiefgang und Weitblick. Dennoch kann der Flachdenker z.B. über hohe mathematische Intelligenz verfügen. In diesem Typus Mensch sehe ich in Verbindung mit der Wirkung der Massenpsychologie ein Risiko für den Fortbestand einer Kultur. Wir Menschen unterscheiden uns eben. Hier sei nur am Rande erwähnt, dass jede Kultur über ein Verfallsdatum verfügt – in der Vergangenheit, in der Gegenwart und in der Zukunft.

Alle Aussagen und Handlungen unterliegen der Range „von/bis". Der Leser wird für sich selbst zu jedem Thema und jeder Rede eigene Erfahrungen oder Gedanken hinzufügen oder angesprochene Aussagen als korrigierbar ansehen. Ich als Autor verfolge keine politische Richtung, wohlwissentlich, dass einige Aussagen in bestimmten Gruppen als rechts- oder linksorientiert eingeordnet werden können.

Der einzige Grund, aus dem dieses Buch in dieser Form erstellt wurde, ist, den Leser zum Hinterfragen anzuregen und ihn vor der allgegenwärtigen Massenbeeinflussung zu warnen. Die Wissenschaft der Massenpsychologie, deren Auffassung ich aus eigener Erfahrung teile, betrachtet die Masse als ausschließlich von Emotionen und Gefühlen gesteuert, nicht von Verstand und Ratio. Das weniger beinflussbare Individuum hingegen zeichnet sich durch eine Balance aus Emotionen und Verstand aus. Darum vertraue ich, dass der Leser die allgegenwärtige Massenbeeinflussung in ihrer Tiefe und Auswirkung erkennt und sich seine eigene individuelle Meinung und die daraus resultierende Einstellung bildet. Im Laufe des einundzwanzigsten Jahrhunderts sehe ich eine Reihe von zum Teil nicht mehr umkehrbaren Problemen auf die Menschheit, insbesondere auf die Völker Mitteleuropas, zukommen.

Die Hintergründe und detaillierten Erklärungen dieser Vermutungen habe ich in weiteren Büchern dargelegt. Wir alle kennen den häufig in der Theologie fallenden Begriff des Propheten. Meiner Ansicht nach gab und gibt es keine Propheten. Menschen können zukünftige Ereignisse erahnen, aber auch nicht mehr. Wenn man also Probleme erahnen kann, dann obliegt es den Menschen, insbesondere Politikern, sich mit Weitblick darauf einzustellen, durchaus unter Berücksichtigung des Aspekts der Menschlichkeit. Als Beispiel des menschlichen Sozialgefüges möchte ich die nonverbale Geste des Händeschüttelns anbringen. Während diese in westlichen Ländern rituellen Anklang findet, gilt sie anderenorts als unkonventionell, bleibt einigen Auserwählten (beispielsweise dem männlichen Geschlecht) überlassen oder wird sogar strikt abgelehnt. In einigen Kulturen wird dieser Ritus der Begrüßung und des Verabschiedens durch intimeren Körperkontakt wie Wangenküsse ersetzt (z.b. Italien). Weiterhin ist ein Händedruck nicht gleich ein Händedruck: Intensität und Dauer lösen im Gegenüber konkrete negative oder positive Assoziationen aus, sodass die andere Person in Sekundenschnelle nach psychologischen Eigenschaften wie Selbstbewusstsein, Entschlossenheit, Angst oder Zurückhaltung eingeordnet wird. In der asiatischen Kultur hingegen gilt ein kraftvoller Händedruck als ungehobelt. So viel zu einigen kulturellen Unterscheidungen.

Im Sinne dieses Buches verstehe ich den Handschlag als vertrauensbildend, kalkulierbar und zuverlässig. Ein Handschlag besiegelt eine Abmachung oder einen Vertrag, eine Geste, deren Absicht als bindend gilt. Doch nicht immer ist darauf Verlass, sodass ich nicht umhinkann, mich zu fragen: Kann man sich immer weniger auf den Handschlag (im übertragenen Sinne) verlassen? Ein zuverlässiger Handschlag zieht – zumindest in westlichen Kreisen – weniger Probleme nach sich. Diese als herkömmlich erscheinende Form der Begegnung ist essenziell für den Zusammenhalt eines Volkes. Um diese These zu untermauern, ziehe ich das Beispiel des Islam heran. Wird dort der Handschlag verwehrt, symbolisiert dies Frauen gegenüber Verachtung oder Konfrontation.

Leider stelle ich immer häufiger fest, dass sich Meinungen sehr oberflächlich an entgegengesetzten Extremen festsetzen. Soweit zu vertrauensbildenden Maßnahmen, in welchen der Handschlag nur als Beispiel für den funktionierenden sozialen Kontakt unter Menschen fungiert.

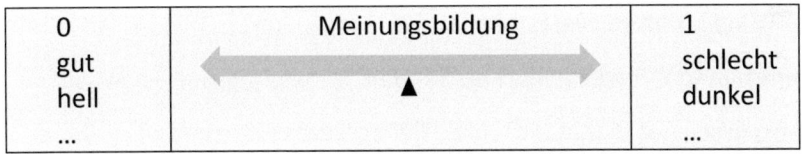

Schiebt man den Regler der obigen Grafik nach rechts, so sieht es schlecht um die Meinungsbildung aus. Andere Meinungen, auch wenn sie weder diskriminierend noch verletzend sind, werden oft politisch und menschlich in eine als negativ erachtete Schublade gesteckt. Hierbei spreche ich von theoretischer Meinungsfreiheit, nicht von einer dem Mainstream widersprechenden Meinung, die allerdings durchaus förderlich sein kann. Schiebt man den Regler nach links, so fällt man in den Bereich der Toleranz, die wiederum selbst einer Range unterliegt. Beide Eckpunkte sind gefährlich, sie reichen von Anarchie bis zur Diktatur.

Um letztendlich ein vertretbares Urteil über einen Sachverhalt abgeben zu können, ist die Berücksichtigung der Zwischentöne von entscheidender Bedeutung. Hierzu bedarf es menschlicher Diplomatie sowie Tiefgang und Weitblick. Vielleicht liegt es auch an unserer schnelllebigen Zeit, dass wir Sachverhalte nicht ausgiebig durchdenken. Auf diese Weise entstehen schnell Extremurteile, die häufig der Massenmeinung entsprechen. Die meisten Situationen sind eben nicht ausschließlich gut oder schlecht.

Dies soweit zu einem kleinen und unvollständigen Teil des menschlichen Sozialgefüges.

Eine Komfortzone haben sich Menschen durch Leistung und Fleiß erarbeitet. Oft wurde hart verhandelt, entwickelt, aufgebaut oder körperlich gearbeitet. Es wurde fleißig Saat gesät, deren Ernte man gerne und auch gerechterweise eingefahren hat. Wer Leistung erbringt, hat das Recht, seine Früchte zu ernten. Erhält ein Mensch über einen längeren Zeitraum hinweg finanzielle Unterstützung, ohne dafür eine Gegenleistung erbringen zu müssen, so ist die Wahrscheinlichkeit sehr hoch, dass er sich daran gewöhnt und

Leistungen einfordert – und dies grundlos. Das darf in einem Staat nur ein Ausnahmezustand sein.

Doch auch der leistungsbereite Mensch gewöhnt sich an einen guten Lebensstandard, eine Komfortzone. Diese möchte er auf keinen Fall verlieren und agiert dementsprechend. Der Hintergrund ist schlichtweg Angst, den guten Lebensstil zu verlieren. Hat der Mensch in seinem Leben Leistung erbracht und erntet deren Früchte, dann lässt seine Kampfbereitschaft leise und langsam nach – es gibt nichts mehr, um das er kämpfen müsste, er hat alles. Die konstruktive Kritikfähigkeit lässt nach und die Charakterzüge des Gutmenschentum ziehen in das Bewusstsein ein. Sie glauben dies als Leser womöglich nicht, ich schon. Wir sind gegebenenfalls anderer Meinung, aber deswegen keine Feinde. Heute kann aber schon eine andere Meinung zum Feindbild führen – keine gute Handhabung der Demokratie. Zu beobachten ist dies bei zahlreichen der von mir beschriebenen Menschen, aber nicht bei allen.

Zu meinem erweiterten Bekannten- und Freundeskreis zählen auch sehr vermögende und erfolgreiche Menschen. Das Leben wird nun in vollen Zügen genossen, Probleme würden nur die Stimmung trüben, man will in Ruhe das Leben genießen. Dies ist das Recht jedes fleißigen Menschen. Die Urteile und Einstellungen, die aus dieser Komfortzone entstehen, sind teilweise extrem weit von der Realität entfernt. So werden politisch oder religiös motivierte

Verbrechen wie auch sichtbare und erkennbare falsche Entscheidungen in der Politik als unbedeutend deklariert. Es gilt: „Lass mich mit diesen Problemen in Ruhe." Das ist in gewisser Weise auch nachvollziehbar, denn Probleme sind eben Probleme, welche der Mensch von Natur aus umgehen möchte. Aber genau dies kann zur Spaltung eines Staates oder unter Staaten führen. Und Spaltung ist die Vorstufe von Demonstrationen und Demonstrationen sind Vorstufen von Scharmützel und Scharmützel sind Vorstufen von körperlichen Auseinandersetzungen und diese wiederum sind Nährböden für Krieg – Krieg im Land oder unter Ländern.

In der Komfortzone gelten andere Regeln als beispielsweise in der Aufbauphase nach einem Krieg. In der Komfortzone will jedermann Krieg unter allen Umständen vermeiden, denn das würde die Wohlfühlsituation gefährden. Aber genau hier ist Nährboden für Konflikte gegeben, ganz nach dem Sprichwort: „Wenn es dem Esel zu wohl wird, geht er aufs Eis."

An dieser Stelle möchte ich mich abermals auf die Entwicklung von Kulturen berufen: Jede Kultur hat ein Ablaufdatum. Neben den von mir aufgeführten Gründen zählen weiterhin zu den Ursachen eines gesicherten Untergangs: Globale Krankheiten, Naturkatastrophen, kriegsähnliche Zustände und kosmische Einflüsse.

Interessant ist, dass sich durch die gegebene Unendlichkeit alle Situationen in wundersamer Weise immer wiederholen – in diesem Multiversum.

2. Rede: Islam

Rede vor dem „Konzil" der Bischöfe im Vatikan

Eminenzen, meine Damen und Herren,

ich danke Ihnen für die Gelegenheit, dem Konzil die Religionsvielfalt aus meiner Sicht, der Sicht eines Nichttheologen, vortragen zu können. In diesem Kontext ziele ich nicht auf die vergangenen, sondern auf die unterschiedlich ausgelebten Religionspraktiken unserer heutigen Zeit ab. Lassen Sie mich bitte aufgrund des zeitlichen Aspekts lediglich auf das Christentum und den Islam eingehen.

Je jünger ein Mensch, desto ergiebiger und intensiver saugt er Informationen aus seiner Umwelt auf. Ab dem etwa zehnten Lebensjahr lässt diese intensive Aufnahme von Impressionen ständig und langsam nach. Man bedenke, dass der Mensch bei seiner Geburt in Ermangelung eines ausgeprägten Erfahrungsschatzes beginnt. Der Mensch speichert das Gehörte, das Gesehene und das Gefühlte. Das, was man dem Kind in diesen jungen Jahren zeigt oder beibringt, prägt bewusst und unbewusst ein ganzes Leben positiv sowie negativ. Es gilt aber auch: Was Hänschen nicht lernt, lernt Hans nimmermehr. Auf dem gesamten Erdball wird Kindern der Glaube, sei es innerhalb des Christentums oder des Islam, vorgelebt und beigebracht. Wenige Menschen wenden sich im Laufe des Lebens von den ihre Jugend geprägten Glaubensbekenntnissen ab. Alle Glaubensrichtungen beziehen sich auf heilige Schriften, die Verhaltensmuster vorgeben, nach denen auch gelebt wird.

Liest man im Neuen Testament, so wird man unabhängig von der Wahl der Textstelle immer wieder auf Güte, Nächstenliebe und Menschlichkeit stoßen, allesamt Einforderungen und Vorgaben, die von Jesus gepredigt wurden. Wirft man einen Blick auf das heutige Christentum und den Vatikan, so darf man feststellen, dass das Christentum auf unantastbarste Weise nach diesen Vorgaben agiert. Hier sei von meiner Seite erwähnt, dass Glaubensrichtungen sehr stark der Massenpsychologie unterliegen, vorwiegend unter dem Aspekt des Gefühls und der Emotionen. Jesus, der Begründer des Christentums, war gütig und den Menschen sehr wohlwollend und tolerant zugetan, dies ist in meiner Betrachtung mitentscheidend.

Liest man im Koran, so wird man dort, unabhängig davon, welche Übersetzung man wählt, andere Worte und Verhaltensvorgaben finden. In Wiederholungen wird immer wieder von Ungläubigen gesprochen, die in bestimmten Situationen anders behandelt werden dürfen, ja sogar sollen, als die gläubigen Muslime. Eine menschliche Brücke zwischen dem Islam und allen anderen Glaubensrichtungen inklusive der Heiden wird unterbunden. Es wird in diesem Zusammenhang von Blut und Feuer gesprochen, das den Ungläubigen prophezeit wird. Betrachtet man das extreme Ausleben der islamischen Religion in nichteuropäischen Ländern, insbesondere in Ländern der Dritten Welt, so zieht dies eine Blutspur nach sich, wie es bereits in Europa zu sehen ist. Eine Organisation namens „Islamischer Staat" trägt das Wort *Islam* in seinem Namen, es ist kein „Christlicher Staat" oder „Buddhistischer Staat", es ist der „Islamische Staat". Auch der Islam hat einen Begründer, Mohamed, einen Kriegsherrn, der viele Kriege bestritt und die Glaubensrichtung maßgebend beeinflusste (und dies ist noch sehr moderat formuliert). Der Geist des Korans hat nicht nur Potenzial, sondern birgt zudem realen und gelebten Konflikt. Dieser Konflikt reicht vom Hass gegenüber Ungläubigen bis hin zum fanatischen Töten und erteilt den gläubigen Muslimen durch die ständige Wiederholung „Allah ist barmherzig" auch die Legitimation dazu.

Nun stelle man sich Kinder vor, die all diese Glaubensgedanken der unterschiedlichen Religionen aufnehmen und sich später als erwachsene Gläubige so wie gelernt verhalten. In beiden

Glaubensrichtungen, Christentum und Islam, werden gute und schlechte Seiten vertreten. Aber wenn ein Kind lernt, Ungläubige abzulehnen oder gar als Feind anzusehen und Frauen als Menschen zweiter Klasse behandelt, dann wird der Islam auf der Waage der Menschlichkeit nicht gut abschneiden. Im Vergleich zu anderen Religionen oder Massenorganisationen neigt der Islam mehr zur Hysterie unter Aufgabe des Verstandes. Der Islam deutet auch gerne Misserfolge als Erfolge – eine schwerlich glaubhafte Religion.

Als weitestgehend neutraler und objektiver Betrachter kann ich jedem nur empfehlen, diese Thematik aus der Vogelperspektive zu beobachten. Der Islam kommt, ist da und wird sich verstärken, er strömt mit seinem durchdringenden Geiste in sämtliche Richtungen. Die Anzahl der Moscheen wächst leise und bestimmt. Fordernde Islamisten werden auf weitgehend friedliche, hungrige auf ausgeglichen gesättigte treffen. Wenn ein Land oder ein Volk diese Art Invasion zulässt, ist es führungslos, schwach und außer Kontrolle. Toleranz grenzt in diesem Zusammenhang an Dummheit, stark divergierende Kulturen stoßen aufeinander. Die den Islam aufnehmenden Staaten leben in einer Komfortzone.

Vielen Dank.

3. Rede: Informationstechnologie

Rede vor dem deutschen Journalistentag

Sehr geehrte Damen und Herren,

als ich 1967 meine ersten Berührungen mit der elektronischen Datenverarbeitung hatte, wurden von den Computern Additionen wie beispielsweise Netto + Steuer = Brutto gerechnet. Die Lochkarte wurde dann von magnetischen Datenträgern abgelöst, die ersten Bildschirme erleichterten später das Operating der Computer. Monitore verfügten über Farbauflösung, Daten wurden grafisch dargestellt. Elektronische Datenübertragung eroberte schnell den Datenaustausch. Das Internet löste die Technologie des Bildschirmtextes ab. Bis zu diesem Zeitpunkt wurde lediglich das Wesentliche kundgetan.

Heute werden nicht mehr nur einfache Rechenoperationen durchgeführt, stattdessen kommen hochkomplexe mathematische Modelle zum Einsatz. Ton, Texte und bewegte Bilder werden im Bruchteil einer Sekunde um den Erdball geschickt. Aus der elektronischen Datenverarbeitung wurde eine Informationstechnologie, die aus allen Bereichen Informationen aufnimmt, verarbeitet und weiterreicht. Die moderne Volkswirtschaft könnte ohne dieses Vehikel nicht mehr existieren.

Jedermann sieht dies als fortschrittlich und komfortabel an.

Das am häufigsten genutzte Instrument dieser Technik ist das Internet. Während direkte Datenverbindungen wie zum Beispiel zwischen Bank und Bankkunde ein sehr hohes Maß an Sicherheit aufweisen, gibt es in der Welt des Internets keinerlei Kontrolle über das, was versendet oder veröffentlicht wird. Dies ist eine fatale Situation, denn es kann jedermann Behauptungen aufstellen, die nicht bewiesen sind oder einfach bewusst falsch longiert werden und der Leser glaubt daran. Wichtiges und Unwichtiges, Wahres und Gelogenes, Erfundenes und Reales, Verdrehtes und Gerades kann immer weniger differenziert werden. Diese Vielfalt an Informationen trägt maßgebend zu der Verunsicherung der Menschen bei – und sie merken es nicht. Wir erhalten Informationen sehr schnell und das in einem Übermaß.

Der Mensch steht vor einer extremen Fülle an Informationen, es fällt ihm immer schwerer, dies zu differenzieren und zwischen wahr und unwahr zu unterscheiden. Das menschliche Beurteilungsvermögen wird schlichtweg überfordert. Um dies auszugleichen, tendiert die menschliche Psyche dazu, vorgetragene Informationen schnell als die eigene Meinung anzunehmen. Man betet dem Menschen, gleichgültig auf welchem Weg, etwas vor und er nimmt es als seine Meinung an. Dieses Massenverhalten wird durch die Informationsflut des Internets gefördert und kann fatale Auswirkungen mit sich führen.

Die Politik macht sich diesen Sachverhalt zunutze. Wo früher der sogenannte gesunde Menschenverstand zur Meinungsbildung beitrug, nehmen heute vorgegebene Informationen immer mehr Raum ein. Politische Schwächen oder Führungslosigkeit werden dem Wähler über diese Transportmittel mit leicht geänderten oder ausgeblendeten Sachverhalten schmackhaft gemacht.

Die Informationstechnologie bedient sich nicht nur des Internets, sondern nutzt zudem Presse, Hörfunk und Fernsehen. Solange nicht jeder, der im Internet etwas publiziert, als Person identifiziert werden kann, bewegen sich die Informationsströme in unsicherem Gewässer. Besagte Verfasser müssen für ihre Äußerungen und Handlungen Verantwortung übernehmen und ihren Publikationen klar und uneingeschränkt zugeordnet werden können.

Wird in dieser Richtung von Seiten der Politik kein klärender Einfluss genommen, so bleibt ein Staat schwach und schwächt sich immer mehr, sodass daraus ein Selbstläufer wird, der maßgebend zur Spaltung des Volkes beiträgt. Dies ist schon in Ansätzen zu erkennen.

Vielen Dank.

4. Rede: Verrohung und Verweichlichung

Rede vor der deutschen Polizeigewerkschaft

Sehr geehrte Damen und Herren,

in den 2010er Jahren haben sich der Ton und die Wortwahl der deutschen Sprache verändert. „Danke", „bitte" und „guten Tag" haben sich in Richtung „hey", „eh" oder „du da" verschoben. Zwei weitere Beobachtungen können in diesem Zeitraum ebenfalls festgestellt werden. Der Begriff Freiheit wurde und wird als Konstante betrachtet und politisch so gehandhabt, ohne sich den gegebenen Bevölkerungssituationen anzupassen. Toleranz wird in ihrer Praktikabilität immer mehr in Richtung antiautoritär überdehnt. Dies sind Bewegungen und Erscheinungen, die langsam und schleichend auf die Bevölkerung einwirken, für die meisten Bürger völlig unbemerkt. Es sind hierzu verschiedene Ursachen zu vermuten.

In den vergangenen Jahrzehnten hat sich in den westlichen bzw. Industrieländern ein ausgleichender Stil im täglichen Miteinander entwickelt, der mit der praktizierten Moral und Höflichkeit einherging. Im Grunde zeigte sich das Verhalten untereinander als vorwiegend vertrauensvoll und friedlich. Gegenseitiges aufeinander zugehen hätte nicht nur soziale, sondern auch tiefe wirtschaftliche Einschnitte zur Folge und dies sicher nicht im positiven Sinne.

Seit Ende des Zweiten Weltkrieges hat sich das Selbstbewusstsein der Deutschen auffällig verändert – im negativen Sinn. Der Deutsche sieht sich mehr oder weniger bewusst als Schlechtmensch an, er lässt sich auch ohne Widerspruch so titulieren. Was ist geschehen? Der Deutsche betrachtet sich als Nachfahre und Erbe von Kriegsverbrechern und dies zu jeder nationalen und international passenden und unpassenden Gelegenheit. Es wird ihm aber auch immer wieder vorgebetet. Jeder weiß, wie schlecht, grausam und unmenschlich sich das von jedem klardenkenden Menschen verurteilte Dritte Reich auf vielen Gebieten gezeigt hat. „Vive la France" rufen die Franzosen. „Es lebe Deutschland" kann nur ein Nazi rufen. Nationalstolz ist ein natürliches Rudelverhalten, das durch das Vermehrte auftreten gewisser Strömungen abgeschafft wird. Andere Freveltaten, an welchen Deutschland nicht beteiligt ist, werden nicht in den Weltmedien erwähnt. Es ist unfassbar, was sich seit Menschengedenken auf diesem Erdball Schlechtes getan hat, der Geschichtsunterricht in den Schulen schweigt darüber oder erwähnt es nur am Rande. Dies ist ein Weicheiverhalten, es ist nicht objektiv, führt zu falschen Einstellungen der Schüler und wird sich früher oder später rächen.

Was bewirken eine Verrohung und eine Verweichlichung? Der Mensch darf sich theoretisch zu immer mehr Themen äußern, in gleichem Maße wird ihm jedoch die Sprache verboten, wenn sein Thema zwar sachlich korrekt, aber nicht im Stream der Masse mitschwingt. Immer höher werdende Toleranz geht einher mit schwacher Politik. Die Politik ist und wird schwach, weil sie sich den Massen ausgesetzt sieht. In immer mehr Bereichen droht eine Verrohung, es ist der Umgang der Menschen untereinander, es ist die Musik, es sind Filme, es sind Diskussionsforen usw. Der schwache Mensch, der sich der Realität nicht stellen will oder kann, nickt alle Themen so lange ab, bis er auf dem Rücken liegt und die Verrohung zubeißt. Die hohe Anzahl der Zugereisten, besonders aus arabischen Ländern, trägt zu dieser Entwicklung bei.

Vor zwanzig Jahren musste ein nach Deutschland Einreisender aus Syrien, Libanon, Iran, Irak oder Marokko ein Visum beantragen. Wer bei der Einreise kein Visum vorlegen konnte, musste mit Repressalien rechnen, er beging eine strafbare Handlung. Ab 2015 reisten hunderttausende Migranten nach Europa, insbesondere nach Deutschland, alle ohne Visum. Aus früherer Perspektive kamen diese Menschen illegal ins Land. Aus einer strafbaren, illegalen Handlung wurde eine legale. Niemand wusste, wer genau einreiste. So befanden sich auch Terroristen unter ihnen. Auch umfasste diese Einreisewelle eine erhebliche Anzahl an Analphabeten, also

Menschen ohne Bildung. Bildung ist aber eine Voraussetzung, um sich in einem Sozialgefüge zurecht zu finden. Diese Menschen trugen nachhaltig zu einem rauen Klima in diesem Land bei. Mit aller Gewalt und ohne die geringste Kritik wurden Flüchtlinge mit völlig anderer sozialer und rauer Struktur dauerhaft und fördernd aufgenommen. Menschen gewöhnen sich an Geschenke.

Der Freiheitsbegriff unterliegt einer Range. Insbesondere Deutschland sah und sieht Freiheit als eine Konstante an, die fatalerweise ausgenutzt wird. Eine Art Weicheimentalität entsteht nicht nur in der Politik, sondern auch in der Bevölkerung – eine Wechselwirkung. Den Menschen geht es hier sehr gut in ihrer Komfortzone, sie wollen nicht mit Problemen konfrontiert werden. Sie leben nach Moralvorstellungen, die sich als zweckmäßig bewiesen haben. Aber die Moral bewegt sich auf hauchdünnem Eis. Hunger und Scharmützel unterschiedlicher Kulturen im Land lassen dieses Eis brechen, eine flächendeckende Verrohung vermehrt sich.

Verrohung und Verweichlichung schaukeln sich gegenseitig in immer deutlicheren Dimensionen sukzessiv, fast unbemerkt, auf. Gutmenschentum, Realitätsverweigerer und Flachdenker geben dafür den Dünger. Unsere Medien beschleunigen dies, schleichend und unbemerkt langsam. Deutschland holte und holt sich nachhaltige Konflikte ins Land. Mit etwas mehr pädagogischem und psychologischem Geist hätte man die wahrscheinlich auftretenden Probleme von vornherein reduzieren können.

Vielen Dank.

5. Rede: Überbevölkerung

Rede vor den „Vereinten Nationen" in New York

Sehr geehrte Vertreter der Mitgliedsstaaten, meine Damen und Herren, sehr geehrter Herr Generalsekretär Guterres,

ich danke Ihnen, dass Sie mir die Gelegenheit bieten, heute vor diesem hohen Hause zu sprechen. Insbesondere gilt mein Dank dem ständigen Vertreter Deutschlands, Herrn Christoph Heusgen, der es mir ermöglichte, eine meiner Thesen zur zukünftigen Entwicklung der Völker auf unserem Erdball vorzutragen – vielen Dank auch an die Simultanübersetzung.

Ich habe in meinen Recherchen Thesen aufgestellt, die in ihrer Wechselwirkung und Intensität einen großen Einfluss auf die Zukunft vieler Menschen, ja sogar der gesamten Menschheit haben könnten. Die Wahrscheinlichkeit halte ich für groß. Ich trage Ihnen heute meine These vor: Die Überbevölkerung auf diesem Erdball.

Die wichtigste Aufgabe der „Vereinten Nationen" ist gemäß ihrer Charta die Sicherung des Weltfriedens. Dies kann ich nach meiner realistischen Einschätzung nicht erkennen. Lassen Sie mich bitte zu meiner These Stellung beziehen.

Im Jahre 1980 zählte die Weltbevölkerung keine 4,5 Milliarden Menschen, 2019 waren es bereits 7,7 Milliarden Menschen. In etwa vierzig Jahren ist die Weltbevölkerung um ca. 3,2 Milliarden Menschen angestiegen, das entsprich einer Steigerung von über 70 %. Zusammenfassend bedeutet das einen Zuwachs der Bevölkerung um 70 % innerhalb von vierzig Jahren. Im Vergleich zu vorangehenden Jahrhunderten oder gar Jahrtausenden ist dies eine exponentielle Steigerung. Es ist zu vermuten, dass dieser Trend nicht nur anhält, sondern sich verstärken wird.

Stellt man dem die steigende Nachfrage nach Lebensmitteln und Bildung entgegen, so wird man mit organisatorischem Verständnis erkennen, dass Angebot und Nachfrage in keinem Verhältnis zueinanderstehen. Die Ressourcen werden knapp. Sobald Hunger die Oberhand erlangt, gehört die Moral der Vergangenheit an. Mord und Todschlag könnten nicht nur in der Heimat der Hungernden als Extremfolge auftreten. Und all dies kann man diesen Menschen nicht zum Vorwurf machen, denn Hunger kennt keine Humanität.

Spenden und wohlwollende Hilfe sind gut gemeint, fördern aber das Problem, haben nur kurzfristige Wirkung und befriedigen das Gewissen der Spender.

Genau dieser Zustand, der sicher nicht fantastisch beschaffen ist, fordert von den „Vereinten Nationen" eine rational geprägte Regelung. Da ich zu meiner geschilderten These keinen praktischen Lösungsansatz von Seiten der „Vereinten Nationen" erkenne, fordere ich Sie alle auf: „Nehmen Sie entscheidenden Einfluss auf die Vermehrung der Menschheit". Dies ist nicht inhuman oder unmenschlich, denn zu einem niemals geborenen Menschen kann man nicht inhuman sein. Eine immer größer werdende Masse wird sich hingegen selbst zerfressen. Ich vermisse hierzu den erforderlichen Tiefgang, Weitblick und den Willen. Kommen Sie aus ihrer Sie beruhigenden Komfortzone heraus und agieren Sie.

Vielen Dank.

6. Rede: Überbürokratisierung

Rede vor dem Verband der Kfz-Hersteller

Sehr geehrte Damen und Herren,

die Industriegesellschaft hat seit Beginn der Industrialisierung durch Verbesserungen und Umstrukturierungen erheblich an Produktivität gewonnen. All dies ist auf organisatorische Anpassungen und Erweiterungen zurückzuführen. Mit steigender Digitalisierung gehen Produktivität und Effizienz einher. Im gleichen

Maß steigen aber auch Regelungen, Bestimmungen und Vorgaben auf allen Gebieten der Volkswirtschaft, was ich in diesem Kontext mit dem Begriff der Bürokratisierung einführen möchte.

Ein von ihm unterzeichnetes Gesetz erfüllt einen neuen Minister mit Stolz. Gesetze und Bestimmungen im juristischen und fiskalischen Bereich unterliegen einem exponentiellen Wachstum und müssen von einer permanent steigenden Vielzahl an Mechanismen überwacht werden. Aufgrund dieses Aufwands geht der Volkswirtschaft schrittweise Produktivität verloren. Ein Steuerberater muss heute für seine Prüfung mehr lernen als noch vor fünfzig Jahren. Ein Richter muss sich heute in umfassendere Gesetzte einarbeiten als vor fünfzig Jahren, um Recht zu sprechen. Die Wirtschaft muss sich mit immer mehr Bürokratisierung auseinandersetzen.

Vor fünfzig Jahren wurden Automobile noch zu einem erheblichen Teil (wenn auch mit maschinellen Hilfsmitteln) manuell hergestellt. Man hat die Fertigungsstraßen den neuen Produktionsmethoden so lange angepasst, bis weitere Veränderungen und Erweiterungen uneffektiv wurden. Neue und modernere Produktionsstraßen wurden daher entwickelt und diese ersetzten die alten. Diese Prozesse waren mit hohen Investitionen verbunden.

Der Staat aber erneuert sich nicht wie Produktionsstraßen, er ergänzt und flickt auf allen organisatorisch geprägten Gebieten. Eines dieser jedermann bekannten Gebiete, das Gesundheitswesen, wird immer nur in kleinen Schritten an neue Situationen angepasst. Heute ist es aber möglich, dass das gesamte Sozialversicherungswesen und der Fiskus problemlos und ungehindert in der digitalen Welt kommunizieren und sich austauschen können und dies im Sekundenbereich. Heute werden Formulare doppelt und dreifach ausgefertigt und von unterschiedlichen Personen zur Weiterverarbeitung gesichtet, ein völlig unnötiger Aufwand. Dieses kleine unvollständige Beispiel trifft auf alle Bereiche des Staatswesens zu. Wir haben die digitalen Mittel zur Verfügung, aber es geschieht wenig. Bei richtiger und optimaler organisatorischer Überarbeitung würde weniger Personal benötigt. Diese damit verbundenen Diskussionen um Mangel an Fachkräften reduzieren sich dann auf ein Minimum. In unterschiedlichen Bereichen werden immer neue Identifikationsnummern an Menschen vergeben, eine einmal vergebene Nummer bei der Geburt reicht hingegen völlig aus, man muss es nur wollen.

Um dies exemplarisch zu untermauern, möchte ich mich zweier bekannter Beispiele guter und straffer Organisation bedienen: Dem Militär und professionellen Küchen. Das unumgängliche Vermeiden von Fehlern ist in beiden Bereichen ausschlaggebend. So wären diese in einem Fall tödlich, im anderen würden sie durch das Fernbleiben von Gästen wirtschaftliche Konsequenzen mit sich ziehen.

Mut und Durchsetzungskraft wären in Friedenszeiten erforderlich, um den Staat organisatorisch in eine ausgeglichene Produktivität in diesem Sinne zu führen. So traurig es ist, regelt ein Krieg dies von ganz allein, wenn auch auf unschöne Weise. Eine Rationalisierung bedarf Mut seitens der Politik, da diese sämtlichen guten Absichten zum Trotz viel Gegenwind ernten wird.

Ein letztes Beispiel: Es herrscht derzeit ein erheblicher Mangel an Lebensmittelkontrolleuren in Deutschland. Zurzeit sind 2.500 Personen in dieser Funktion tätig, gebraucht werden aber 4.000. Die Kontrollen werden immer erforderlicher. Ein Beispiel, das nicht nur die Lebensmittelbranche betrifft.

Überbürokratisierung ist nichts weiter als schlechte Organisation oder eine Organisation, die sich den neuen Gegebenheiten nicht anpasst. Dabei spielen Größe oder Bedeutung einer Organisation keine Rolle. Der Zustand der deutschen Bundeswehr sei äußerst desolat, kritisiert der Bundesrechnungshof. Die Gründe liegen in fehlerhafter Ausbildung, unzureichender Digitalisierung, mangelhafter Beschaffung usw. Der gestiegene Etat liegt mittlerweile bei 45 Milliarden Euro, ohne, dass sich etwas

Gravierendes an den Kritikpunkten geändert hätte – von der Einsatzbereitschaft ganz zu schweigen.

Vielen Dank.

7. Rede: Massenhysterie

Rede vor der Partei der Christlich Demokratischen Union

Sehr geehrte Damen und Herren,

die Massenpsychologie, eine Unterfraktion der Wissenschaften der Psychologie, setzt sich mit der Beeinflussbarkeit des Menschen durch die Massen sowie seinem eigenen Einfluss auf diese auseinander. Die Strömungen und Bewegungen der Massen können Gutes und auch Schlechtes hervorbringen und vorantreiben. Wirft man einen Blick auf die Geschichte, so zeigt sich die Auswirkung der Massenpsychologie als vermehrt negativ. Massenpsychologie ist reine Unterwerfung.

Die Masse in ihrer ganzen Dimension verfügt über Gefühle und Emotionen, aber über keinen Verstand. Selbst Sicherheitsbedenken können in der Masse konsequent ausgeschaltet werden. Darin besteht die große Gefahr, zum einen für die Masse selbst, zum anderen für diejenigen, die die Masse tangieren. Würde man einem einzelnen unabhängigen Menschen vorschlagen, gegen ein anderes

Land Krieg zu führen, so würde er wahrscheinlich situationsabhängig davon Abstand nehmen. Befindet sich derselbe Mensch in den Fängen und Strömungen einer Masse, kann sein Verhalten und Urteil völlig anders ausfallen. Die Verführung des Einzelnen durch die Massen wie auch der Massen selbst ist ein gewaltiges Manipulationswerkzeug. Die uns bekannte Werbung bedient sich dieser Instrumente (zumindest Teilen davon), was ich persönlich als harmlos erachte. Wird dem Menschen mehrfach etwas vorgebetet, so nimmt er es schnell als seine Meinung an. In besonderem Maße bedient sich die Politik dieses Instrumentariums.

In den höchsten Gremien der Wirtschaft werden Zusammenhänge oft so komplex und kompliziert, dass Verstandesentscheidungen durch Emotionsentscheidungen ersetzt werden. Viele Aufsichtsräte verfügen gar nicht über die erforderliche Menschenkenntnis und lassen sich von Popularität und Bauchentscheidungen leiten, oft durch Massendruck und Meinungen anderer. Insbesondere trifft dies bei der Bestellung von Vorständen zu. Die Position des Aufsichtsrates ist verantwortungsvoller als man denkt. Auf diese Weise werden auch große Unternehmen gehalten oder zerschlagen.

Man kann es auch etwas rüde, aber verständlicher formulieren: Die Masse ist schlichtweg dumm und lässt dem Verstand keine Chance, vernunftgeprägte Entscheidungen zu treffen. Diese

Bewegungen können aber auch etwas Positives voranbringen. Nach dem zweiten Weltkrieg zogen alle an einem Strang, um den Wiederaufbau zu forcieren. Man stachelte sich damals positiv an. Das Ergebnis ist bekannt. Für die Fußballfans wird es als höchst angenehm empfunden, im Chor zu grölen.

Aber: Mit zunehmender Daten- und Informationsflut werden dem Menschen Zustände oder Situationen vermittelt, die aufgrund ihrer Vielzahl nicht mehr zu unterscheiden sind und damit keine solide Entscheidungsgrundlage mehr bieten können. Der Mensch neigt jedoch dazu, zu einer Sachlage Stellung zu beziehen. Bleibt ihm das infolge einer Vielzahl an Informationsparametern versagt, nimmt er eine vorgegebene Meinung an. Dies ist eine sehr große Gefahr und öffnet Tür und Tor für sämtliche Formen der Manipulation. Die Zukunft wird gemacht.

Vielen Dank.

8. Sichtweisen

Alles hat mit allem zu tun und zeigt Abhängigkeiten untereinander. Oft handelt es sich dabei um hochkomplexe Zusammenhänge, die auf den ersten Blick nicht zu erkennen sind. Insbesondere in Deutschland, aber auch in anderen westlichen Industrienationen, besteht ein Konkurrenzverhalten um die Polepositionen der besten Menschen – reale Problemfelder werden da oft übersehen. Umwelt ist ganz hoch im Rennen, zu Recht, aber auch oft im ideologischen Kontext völlig übertrieben. Haben sich Menschen als Loser geoutet, suchen viele davon nach Bestätigung, nicht in Erbringung von Leistung, sondern getarnt mit Hilfe von Ideologien. Auch diese Menschen verlangen nach Beachtung, nur eben nicht immer auf dem Boden der Realität. Man sollte zunächst das Gesamtbild betrachten. Und wie?

Die Sicht aus der Vogelperspektive

Wenn man von der Komfortzone spricht, sollte man auch die Meinungsbildung der Menschen und deren Sicht auf die Dinge berücksichtigen. Der Mensch nimmt den Radius seiner Umwelt unterschiedlich intensiv wahr. Damit sind qualitative Fähigkeiten

verbunden, die mehr oder weniger Tiefgang erkennen lassen. Die
Sichten lassen sich in drei Gruppen einteilen.

1. Die Sicht, wenn man aktiv in eine Situation involviert ist
2. Die Sicht eines Unbeteiligten aus der Vogelperspektive
3. Die Sicht, die von der Masse beeinflusst wird

Die Sicht aus der Vogelperspektive erfordert viel Objektivität und
Tiefgang, ist aber die empfehlenswerteste Form der Einschätzung
einer Situation. Leider wird genau diese Fähigkeit von
Massenmeinungen geradezu verschluckt. Es bleiben wenige
Personen mit der Fähigkeit, aus der Vogelperspektive zu
beobachten, übrig. Auch schwingt hier die Befähigung der
Beurteilung anderer Menschen mit. Diese Beurteilungen
untergliedere ich in folgende drei Punkte:

1. Wie beurteilt sich der Mensch selbst?
2. Wie beurteilt ein Mensch einen anderen Menschen?
3. Wie wird der Mensch objektiv beurteilt?

Wie uns sicherlich allen bewusst ist, beurteilen sich die
Menschen selbst vorwiegend positiv und lassen Negatives auch
schon mal unter den Tisch fallen. Als kritischer erweist sich das
Urteil eines anderen Menschen. Dies kann in bestimmten

Situationen unter gewissen Umständen jedoch ebenso euphorisch ausfallen. Die objektive Beurteilung eines Menschen ist äußerst schwierig, da der Urteilende emotional gebunden sein könnte. Das Verständnis von Sichtweisen und Beurteilungen bereitet ein friedlicheres Miteinander vor.

Soziale Triebe

In verschiedenen Kulturen werden soziale Triebe unterschiedlich gewichtet und ausgelebt. Auch im Laufe eines Lebens können sich die Relationen verschieben, ebenso in steigendem oder sinkendem Lebensstandard. Diese Verhältnismäßigkeiten beeinflussen das Verhalten und die Einstellung in der Komfortzone. So kann beispielsweise ein erfolgreicher und hart durchgreifender ehemaliger Manager im Alter und mit ordentlichem Vermögen bedacht seine Einstellung in Richtung ausgedehnter Toleranz ändern. Er möchte keine Probleme mehr erfahren und schon gar nicht lösen. Dafür möchte ich im Folgenden einige durch Erfahrung geprägte Beispiele heranziehen:

Liebe	Gier
Nachsicht	Machtstreben
Aufopferung	Aggression

Verzicht	Verständnislosigkeit
Hilfsbereitschaft	Neid
Kooperationsfähigkeit	Rücksichtslosigkeit
Teamgeist	Hass
Verständnis	Rache
Großzügigkeit	Missgunst
Trauerfähigkeit	Geiz
Realitätssinn	Fanatismus

Alle Menschen auf unserem Planeten verfügen in unterschiedlichen Ausprägungen über diese positiven wie auch negativen Eigenschaften. Bei dem einen haben beispielsweise Gier und Neid deutlich an Boden gewonnen. Dies wirkte sich in der Vergangenheit negativ auf das gesamte Sozialsystem aus. Gier und Neid sind Eigenschaften des bekannten Egoismus mit wenig Spielraum für Gemeinsinn. Dennoch wirken gerade diese zwei Eigenschaften wie ein Antriebsmotor auf Fortschritt und Innovation, wenn auch nur für einen kleinen Teil der Bevölkerung.

Die Kombination der unterschiedlichen sozialen Triebe in verschiedenen Ausprägungen definiert das Individuum in der Komfortzone. Nun zu weiteren Hintergründen, die eine Gesamtsichtweise verständlich machen sollen. Wo stehen Sie als Mensch?

Das lag hinter Euch

Ein erstaunlicher Planet im Weltraum, Eure Erde. Wie hat sie sich nach Euren Erkenntnissen entwickelt?

Am Anfang, vor etwa 4,5 Milliarden Jahren, nach Eurer Zeitrechnung, war die Erde eine Feuerhölle, ohne Wasser und ohne Atmosphäre. Für jegliches Leben völlig ungeeignet. Eure Existenz verdankt Ihr mehreren Zufällen. Aber die Erde hat ein Verfallsdatum. Planeten werden geboren und sterben, wie Ihr es nennen würdet. Wie ist Euer Planet zu dem geworden, was er ist? Es gab mindestens sechs überaus glückliche Zufälle, denen Ihr die Vielfalt des Lebens auf Eurer Erde verdankt. Die Erde ist in Eurem Sonnensystem, der einzige Planet mit einer Temperatur der komplexes, Euch bekanntes Leben ermöglicht. Der Grund liegt darin, dass die Erde im richtigen Abstand um die Sonne kreist.

Alles begann vor etwa 5 Milliarden Jahren, als eine interstellare Gas- und Staubwolke von der Gravitation zusammengedrückt wurde. Ein Vorgang, der sich im All ständig wiederholt. Das Zentrum bildete ein Stern, Eure Sonne. Außerhalb des Sternbereiches verdichteten sich aus den Restwolken stabilere Körper und diese rotierten um die entstandene Sonne. Dadurch entstand eine damals als flach erachtete Scheibe, auf der sich alle heutigen Planeten bewegen. Ein Planet entstand an einer ganz besonderen Position:

Eure Erde. Ihr Geburtsort ist der erste glückliche Umstand Eurer menschlichen Existenz.

Eine weitere Voraussetzung für das Euch bekannte Leben ist ein beständiges Klima. Die Erde kollidierte mit einem Himmelskörper, ungefähr so groß wie der Mars. Dies ist ein weiterer Glücksfall. Bei diesem Crash wurde Materie abgesprengt, die sich in einer Umlaufbahn um die Erde gesammelt hat und schließlich zum Mond bilden konnte. Ohne diese Kollision wärt Ihr nicht hier. Die starke Mondgravitation hält die Erde stabil auf ihrer Umlaufbahn. Dies ist wichtig für Euer Klima. Ihr habt Jahreszeiten, weil die Erdrotationsachse geneigt ist.

Vor etwa 4 Milliarden Jahren, als sich der Mond gebildet hat, war die Erde noch ein heißglühender Klumpen. Im Laufe der Zeit kühlte sie ab und es bildete sich eine feste Kruste. Ich wiederhole: Zu diesem Zeitpunkt war Leben in Eurem Sinne undenkbar. Die Erdatmosphäre war aber immer noch ein giftiger Dampf. Es fehlte Wasser. Etwa 500 Millionen Jahre, nachdem sich die Erde gebildet hatte, prasselt eine Unzahl Meteoroiden, Kometen und Asteroiden auf die Erde ein. Möglicherweise war dieses große Bombardement der dritte große Glücksfall. Die Kometen enthielten Wasser. Über Jahrmillionen sammelte sich auf diese Weise genügend Wasser für Euer Leben. Es bildeten sich Ozeane und Wolken. Daraus entstand Klima und Wetter. Die Erdatmosphäre veränderte sich, immer noch hochgiftig für Mensch und Tier aus Eurer heutigen Sicht. Unter diesen Bedingungen entwickelten sich jedoch die ersten primitiven Einzeller, Mikroorganismen. Dies geschah vor ca. 3,5 Milliarden Jahren. Die Erde war zu dieser Zeit durch extreme Hitze, Vulkanausbrüche und Erdbeben immer noch lebensfeindlich. Anpassungsfähige Mikroorganismen und eine besondere Art von Pilzen haben dem widerstanden. All dies war und ist ein sich ständig wiederholender Vorgang an unzähligen Positionen im Multiversum.

Es bildete sich eine Lebensform, auf die sich alle folgenden aufbauten. Es fehlte aber noch eine wesentliche Zutat für Eurer Leben in der Hülle: der Sauerstoff. Komplexere Lebensformen brauchen Sauerstoff. Es geschah etwas sehr Erstaunliches. Eines der frühen Mikroorganismen entwickelte die Fähigkeit, Sonnenlicht in Sauerstoff zu verwandeln. Über Jahrmilliarden füllte sich so die Erdhülle mit Sauerstoff. Dies ist der vierte große Glücksfall.

Ein Leben an Land ist trotz Sauerstoff allerdings nur dann möglich, wenn es einen Schutz vor der vernichtenden Sonnenbestrahlung gibt. Lange spielte sich deshalb das Leben in den Ozeanen ab. Die Ozonschicht bot aber diesen Schutz und ermöglichte somit den Weg zum Landgang. Die Erde hatte aber noch ein zweites Abwehrsystem, den Erdmagnetismus, ein Schutz gegen die Sonnenwinde. Sonnenwinde sind tödliche Strahlen.

Dieser Schutzmechanismus ist der fünfte glückliche Umstand Eures Daseins.

Die Dinosaurier haben die Erde nach Euren Erkenntnissen über 150 Millionen Jahre lang bevölkert, bis ein Ereignis sie plötzlich aussterben ließ. Vor 66 Millionen Jahren schlug ein Asteroid vor der Küste Mexikos ein. Dieser zehn bis fünfzehn Kilometer große Brocken verursachte eine globale Katastrophe. Staub verdunkelte die Sonne, ein globaler Winter wurde eingeleitet. Brände entstanden und es bildete sich saurer Regen. Für Euch Menschen war das Massenaussterben ein weiterer Glücksfall. Durch das Aussterben der Dinosaurier entstand eine andere Art Lebewesen. Kleine Kreaturen entwickelten sich zu unterschiedlichen Säugetierarten, so später auch Ihr. Seit etwa 200.000 Jahren existieren die Menschen auf der Erde, wie wir sie heute kennen. Doch auch der Homo sapiens kann seine Herrschaft nicht ewig ausüben. Die für Euch idealen Lebensbedingungen werden nicht endlos erhalten bleiben.

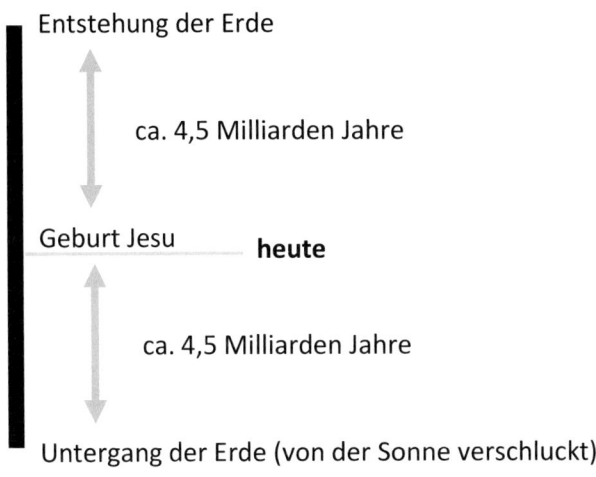

Entstehung der Erde

ca. 4,5 Milliarden Jahre

Geburt Jesu   **heute**

ca. 4,5 Milliarden Jahre

Untergang der Erde (von der Sonne verschluckt)

Das liegt vor Euch

Es gibt viele denkbare Szenarien, mit denen Ihr Menschen Euch selbst ein Ende setzen könntet: Nuklearkatastrophen, biologische und chemische Kriegsführung, vielleicht auch eine globale Grippeepidemie ohne wirksames Gegenmittel. Die größte von Euch ausgehende Gefahr ist aber die Überbevölkerung, die die Erde unbewohnbar machen könnte. Auch wenn die Menschen sich nicht selbst auslöschen, so könnten sie doch dem Untergang geweiht sein. Ansteigende Vulkanaktivitäten könnten dazu beitragen, der Himmel würde sich verdunkeln, die Sonne nicht mehr wärmen, das Atmen schwerfallen. Ihr verhindert dies alles nicht, weil es zum universalen Kreislauf gehört. Ihr seid selbst verantwortlich für Eure Lebenshülle.

Der Einschlag eines Asteroiden, wie schon einmal in Mexiko, könnte katastrophale globale Auswirkungen haben. Erst sterben die Pflanzen, dann die Pflanzen- und Fleischfresser, fast alle höher entwickelten Arten würden aussterben. Die Basis der Nahrungskette würde vernichtet. Die Wahrscheinlichkeit, dass dies eintritt, liegt bei 100 %. Die Frage ist nur wann. Eure Wissenschaft macht sich daher vernünftigerweise Gedanken, diese gefährlichen Himmelskörper zu entdecken und ihren Kurs zu beeinflussen.

Auch die für Euch lebensnotwendige Sonne könnte eine Gefahr darstellen. Dort, wo Euer irdisches Wetter aufhört, beginnt das Wetter in Eurem Sonnensystem. Sonnenstürme und Sonneneruptionen tragen entscheidend dazu bei. Euer Magnetfeld schütz Euch davor, aber stärkeres Sonnenwetter kann auch diesen Schutz hinfällig machen, die Stromsysteme würden zusammenbrechen. Die Konsequenzen lassen sich mit wenig Fantasie erahnen.

Das Ausmaß eines explodierenden Sternes, einer Supernova, kann sich mit allen nur denkbaren Ereignissen bis in Euer Sonnensystem auswirken, Eure Ozonschicht würde zerstört. Die Wahrscheinlichkeit liegt bei 50 %. Auch hier ist es nur eine Frage der Zeit.

Weitere Schäden für Euren Erdball stellen mögliche Gammablitze dar, radikale elektromagnetische Strahlungen, die entstehen, wenn ein extrem massenreicher Stern zu einem schwarzen Loch kollabiert. Dies sind die gewaltigsten Kräfte im Multiversum, tausendmal stärker als die größte Supernova. Die Wahrscheinlichkeit, dass Eure Erde von einem Gammablitz getroffen wird, ist realistisch, aber gering. Ein Massenaussterben in all den Szenarien ist nicht unbedingt mit dem Verschwinden allen Lebens auf Eurem Erdball gleichzusetzen.

Auch Schwarze Löcher können gefährlich werden. Diese sind so stark verdichtet, dass selbst Licht aufgesaugt wird. Das Zentrum eines Schwarzen Loches ist extrem klein und die Masse darin hat eine unendliche Dichte. Himmelskörper, die einem Schwarzen Loch zu nahe kommen, werden aufgesaugt und verschwinden buchstäblich im Nichts. Sollte ein Schwarzes Loch in die Nähe Eurer Erde gelangen, wären globale Zerstörungen und Vulkanausbrüche die Folge. Die Erde würde aufgesaugt. Schwarze Löcher sind selten, diese Gefahr ist also nicht sonderlich wahrscheinlich, aber dennoch denkbar.

Eine weitere Gefahr für Eure Erde sind interstellare Planeten oder Schurkenplaneten. Diese sind heimatlose Himmelkörper, die aus einer Umlaufbahn geschleudert wurden, ohne Zugehörigkeit zu einem Sonnensystem. Eure Wissenschaft vermutet die Existenz von

Milliarden solcher Planeten. Ein Zusammenstoß mit Eurer Erde wäre wirklich das Ende. Auch die Kollision mit anderen Planeten in Eurem Sonnensystem hätte für Eure Erde katastrophale Folgen. Neben interstellaren Planeten tummeln sich auch interstellare Sterne in Eurem Universum.

Auch wenn Eure Erde von all dem verschont bleibt, wird sie irgendwann und unausweichlich nicht mehr das sein, was sie heute ist. Ihr vermutet, dass die Erde in 4,5 Milliarden Jahren nicht mehr existent ist. In 1 bis 2 Milliarden Jahren beginnen die Ozeane zu verdunsten. Die Sonne wird immer heller, größer und mit einem unvorstellbaren Schauspiel sterben. Sie wird sich zunächst in einen roten Riesen verwandeln, mit immer größer werdendem Durchmesser. Sie wird zuerst den Planeten Merkur, dann Venus und möglicherweise auch die Erde verschlingen, sofern diese nicht zuvor verbrannt ist. Hat die Sonne all ihre Energie verbraucht, so schrumpft sie zu einem weißen Zwerg mit sehr hoher Dichte, etwa so groß wie die Erde. Vielleicht seid Ihr dann so weit, einen anderen lebenswürdigen Planeten zu bevölkern.

Dieses Bewusstsein und Wissen kann man nur jedem Primaten – und Ihr seid Primaten – auf Eurem Erdball in der Hoffnung empfehlen, dass er sich in Zukunft menschlicher und bedachter benimmt, wenn Ihr Eure Lebenshülle erhalten wollt. Wenn nicht, werdet Ihr wieder zurückschreiten. Dagegen sind Eure Proteste und

Demonstrationen für den Umwelterhalt zwar lobenswert und erforderlich, doch wird dies nichts an den genannten Katastrophenszenarien ändern.

Komfortzone

Jeder Mensch ist bestrebt, eine Komfortzone nach seiner Lebensauffassung zu schaffen und diese zu erweitern und zu festigen. Vor dem Eintritt in die Komfortzone ist der Mensch oft mit Kampf, oftmals ums Überleben, beschäftigt. In dieser Phase steht die Realität direkt neben dem Menschen und wird auch als solche deutlich wahrgenommen. Die Lebensumstände werden verteidigt – oft auch mit harten Bandagen.

Hat sich der Mensch erst einmal an die Komfortzone gewöhnt, so hat er einen großen Teil der Verteidigungsbereitschaft und -fähigkeit verloren. Menschen außerhalb der Komfortzone haben Hunger und verfügen dadurch über ein hohes Maß an Überlebensenergie – etwas, das die Menschen in der Komfortzone verlernt haben. Die Hungrigen fressen die Satten – ein sich immer wiederholendes Szenario innerhalb der Fauna dieses Planeten und der Mensch gehört im erweiterten Sinne zur Fauna.

Kommentare zu den Reden

Islam

Lesen Sie mehrfach im Neuen Testament an den unterschiedlichsten Stellen. Lesen Sie ebenso mehrfach in einer Ihnen vorliegenden Übersetzung des Korans. Gerne lesen Sie auch in anderen religiös geprägten Schriften. Sofern Sie nicht ideologisch in einer Richtung geprägt und zu konstruktiven und kritischen Erkenntnissen fähig sind, werden Sie feststellen, dass sich der Geist des Korans im Hinblick auf in die Realität und den Alltag eingreifende Aspekte wesentlich von allen anderen religiösen Schriften unterscheidet. Wenn Sie sich damit nicht beschäftigen, sollten Sie sich mit Urteilen über dieses Thema zurückhalten.

Gemeinsam haben alle Schriften eine massenpsychologische Wirkung. Betet man einem Menschen dreimal etwas vor, so wird er, wie ich in vorangestellten Textstellen bereits mehrfach erwähnte, das Gehörte oder Gelesene als seine eigene Meinung, Einstellung und emotionale Richtung annehmen.

Der Koran trennt „Muslime" von „Ungläubigen" - deutlich. Bei Letzteren handelt es sich im Geiste des Korans um die Christen, die Hindus, die Buddhisten, die Atheisten und andere – kurzum, um alle Nicht-Muslime. Im Koran wird jeder Ungläubige als Mensch einer unteren Klasse angesehen, der nicht nur schlechter behandelt werden, sondern auch stärker bestraft werden darf. Diese Behandlung der Ungläubigen darf schärfer erfolgen als die Bestrafung der Muslime. Die Frau steht im Koran gesellschaftlich und menschlich unter dem Mann und hat zu dienen, in jeder Form.

Geht man, wie es nun einmal der Realität entspricht, davon aus, dass eine Vielzahl gläubiger Muslime nach diesen geforderten Vorgaben lebt, so ist für jeden vernünftig denkenden Menschen Konfliktpotential zu erkennen. Dieser Geist des Korans ist nicht nur potenzieller, sondern realer und gelebter Konflikt. Dieser Konflikt reicht vom Hass gegenüber Ungläubigen bis zum fanatischen Töten. Wir hören es zu oft in den Medien, wobei auch Vieles nicht publiziert wird. All diese Feststellungen bedeuten nicht, dass jeder Muslim hasst oder tötet, es sind aber auffallend viele und der Weg dazu ist religiös geebnet. Die Größe des Funkens bestimmt die Ausbreitung des Feuers.

All die negativen Ausprägungen des Korans sind in dieser Form derzeit in anderen Religionen schwerlich zu finden, beziehungsweise nicht in dieser Deutlichkeit. Die sich im Koran wiederholende Zeile „Allah ist barmherzig" gibt dem gläubigen Muslim die Legitimation für teilweile grausames, menschenverachtendes Verhalten. Ich warne dringlich davor, diese zum Teil pseudoreligiösen Strömungen zu unterschätzen. Es sind nicht alle Menschen gleich. Wer dies nicht glaubt, stellt hinsichtlich kritischer politischer, sozialer oder gesellschaftlicher Konflikte ein Risiko dar. Der Islam ist vor diesem Hintergrund keine friedliche Bewegung. Wie Sie sehen, spreche ich nicht von Religion, dies ist es auch nicht in unserem Sinne, denn der Islam greift in jeden Bereich des Lebens ein. Vielleicht könnte man von religiösem und politischem Islamismus sprechen. Die ideologisch-fanatischen Emotionen des Islam sind stärker als der westliche Verstand. Ich wiederhole mich: Die Masse verfügt ausschließlich über Emotionen und nicht über Verstand, das Individuum hat beides und ist im Stande, abzuwägen.

Dies ist von mir noch sehr freundlich formuliert – zumal mir aus heutiger Zeit Berichte, Bilder und Videos, insbesondere aus muslimischen Teilen Afrikas, vorliegen, die mit unserer Moral und Lebensweise nichts, aber auch gar nichts, zu tun haben – brutal und quälend bis zum Tode. Warum wird diese Wahrheit verschwiegen? Die Negativaussage des Korans deckt sich mit dem Auftreten all der terroristischen Kräfte. Der uns bekannte Durchschnittsmuslim praktiziert auffallend das Wesen des Korans. Die derzeit höher entwickelte Kultur des Westens ist dem Streben des Islam fast ungeschützt ausgesetzt. Darum haben drei mir bekannte Türken mit ihren Aussagen Recht. Ich wiederhole einen von mir an der Hauptwache in Frankfurt am Main aufgenommenen Satz eines jungen Türken gegenüber einem Deutschen: „Ihr Weicheier, euch machen wir noch platt." Ähnliche Aussagen konnte ich zweimal in unterschiedlichen Fernsehberichten vernehmen. Das Zitat ist auf keinen Fall repräsentativ, zeigt aber den gewollten und realen Geist vieler islamischer Anhänger und die sind keine Mörder.

„Der Islam, diese absurde Gotteslehre eines unmoralischen Beduinen, ist ein verwesender Kadaver, der unser Leben vergiftet!" (Aussage von Mustafa Kemal Atatürk, 1881 bis 1938, Gründer und erster Präsident der Republik Türkei). „Der Islam gehört zu Deutschland!" (Aussage von Angela Merkel, deutsche Bundeskanzlerin).

Weltweit wird in den unterschiedlichsten Informationsmedien das Ausleben des Islam immer wieder mit folgenden Eigenarten in Verbindung gebracht: Pädophilie, Vergewaltigung, Enthauptung, Verbrennungen bei lebendigem Leib, Beschneidung, Unterdrückung, Erpressung, Sklaverei, Entführung, Ehrenmord. Sagen Sie bitte nicht „das gibt es im Westen auch", es kommt auf die Gewichtung an.

Hierzu noch ein Beispiel aus der jüngsten Vergangenheit: Der französische Lehrer Samuel Paty wurde Mitte Oktober 2020 von einem 18 Jahre alten Angreifer (Islamist) nahe Paris auf brutalste Weise enthauptet. Der Lehrer wollte nur eine Karikatur von Mohamed in seiner Klasse wertfrei diskutieren. Paty hatte zu dem Thema Meinungsfreiheit gelehrt. Der 18-jährige Mörder wurde von der Polizei getötet. Bei der Beisetzung des Mörders in Tschechien weilten dutzende, wenn nicht hunderte von Sympathisanten und rechtfertigten mit hysterischem Geschrei die Enthauptung.

Informationstechnologie

Vor langer Zeit begann der Mensch zu seinem Vorteil und Schutz Nachrichten über größere Distanzen zu übermitteln. Anfangs bediente er sich der Techniken von Rauch- und Trommelsignalen, ähnlich der Morsezeichen. Später haben Menschen direkt - mit oder ohne Pferd - Nachrichten übermittelt, per Sprache oder Papier. Nachrichten und Signale sind Informationen, die durch die genannten Techniken verbreitet wurden. Bis heute hat sich die Informationstechnik rasant entwickelt. Während früher nur das Wesentliche kundgetan werden konnte, wird heute alles, aber wirklich alles, verbreitet. Wichtiges und Unwichtiges, Wahres und Gelogenes, Erfundenes und Reales, Verdrehtes und Gerades. Diese für uns heute abrufbare Vielfalt trägt auch zur Verunsicherung der Meinungsbildung bei. Wer weiß denn, ob die gefundene Information heute korrekt ist? Mit Verlaub, dies lässt sich oft schwerlich feststellen. Meinungsbildung ist in einer Demokratie nötig, um Regierungen zu wählen. Die Möglichkeiten der Beeinflussungen sind enorm und schleichen sich unbemerkt in die menschliche Bewertung ein. Glauben Sie nicht alles, was Sie hören, lesen oder sehen, auch die Medien unterliegen einer

Fehleinschätzung. An der falschen Schraube kann bewusst oder ungewollt leicht gedreht werden. Die Auswirkungen können sich als fatal bis katastrophal herausstellen. Unsere Zeitgeschehen darf nur kritisch wahrgenommen werden. Leider ist dies nicht jedem gegeben, weil sich das Leben in einer Komfortzone angenehmer anfühlt.

Können Sie beurteilen, ob ein Bericht im Fernsehen über eine Bürgerkriegssituation im Kongo wahr oder falsch ist? Sie können es nicht, es kann noch nicht einmal der Reporter, denn er ist froh, wenn er dort Gesprächspartner findet. Neben dem Computer fällt auch dies unter den Begriff der Informationstechnik. Das Internet bietet eine unkontrollierte Plattform, auf der Wahres und Unwahres blitzartig verbreitet wird, und zwar mit Folgen, die unabsehbar sind. Eine geschickt formulierte Nachricht kann sehr viele Follower nach sich ziehen, die dann zu dieser Aussage enthusiastisch Stellung beziehen. Ob diese Nachricht richtig oder falsch ist, interessiert dann nur sekundär. Hier bedarf es in Zukunft der Personalisierung von Nachrichtenquellen. Denn wenn der Autor jedem im Internet bekannt ist, wird er sehr vorsichtig mit seinen Veröffentlichungen sein.

Wenn man dem durchschnittlich begabten Menschen dreimal etwas vorbetet (wie schon erwähnt), also Informationen liefert, sei es durch Rundfunk, Fernsehen, Presse oder durch Freunde, dann wird er diese Meinung bald als seine eigene annehmen. Die Massenpsychologie, gepaart mit Kommunikationsmethoden, leistet ihren Beitrag dazu. Die Wirkung der Massenpsychologie kann ein verheerendes Mittel zur Beeinflussung sein.

Eine Gefahr, die ich in der Zukunft sehe, ist ein verantwortungsloser Umgang mit der Künstlichen Intelligenz. Die Informationstechnologie verfügt heute über Software, die jeden Schachspieler Schach Mat setzt. Und dies ist nur der Anfang. Wenn diese Entwicklung nicht mit Weitblick seitens der Politik einhergeht, befürchte ich Auswirkungen, die schon jetzt im Zuge digitalen Lebens auftreten – verantwortungsloses Thematisieren oder Eingreifen in gesicherte Strukturen.

Medien jeglicher Art übermitteln Informationen. Was geht im Kopf des oberflächlichen Durchschnittsbürgers vor, wenn er beispielsweise im Radio folgendes hört: „Aktivisten haben sich im Winter im [...] Forst Baumhäuser eingerichtet, um gegen die Waldrodung zu protestieren. Die Polizei entfernt die Aktivisten, die auf einer anderen Seite erneut in den Forst eindringen. Die temporären Waldbewohner haben sich auf eine längere Zeit eingerichtet und verpflegen sich mit Grill und Getränken. Sie haben sich Hilfe von den Schauspielern [...] und [...] geholt, die für die Aktionen öffentlich sprechen. „Wir vom [...] Rundfunk waren dabei und haben mit den Aktivisten gesprochen." Bei teilweise lauter

Musik und Sprechchören haben die Waldbewohner ihrem Ansinnen Nachschub verliehen. Viele Zuschauer sind von weit hergereist, um dieses Spektakel zu beobachten und zu filmen. Weitere Umweltverbände gesellen sich zu den Aktivisten und unterstützen deren Gedankengut. Künstler aus den unterschiedlichsten Bereichen treten im Forst auf, um sich der Demonstration anzuschließen. Teilweise wird der Forst mit ausgedehnter Pyrotechnik illuminiert, Polizisten werden dabei verletzt." Zuhause sitzt der Bürger vor dem Fernseher oder hört diese Nachrichten unbeteiligt und ohne nennenswerten Tiefgang im Radio, als würde man ihm einen Spielfilm oder ein Hörbuch vorführen. Leicht beeinflussbar wie der Bürger ist, kommt in ihm der Gedanke auf: „Die Polizei ist unverschämt, gegen die müsste man vorgehen." Ein durchaus massenpsychologisches Thema.

Verweichlichung und Verrohung

Wenn Sie sich als Deutscher weiterhin freiwillig an den Pranger stellen wollen, dann beschäftigen Sie sich erst einmal mit der globalen Geschichte der Kriege und Völkermorde zu allen Zeiten. Warum bezichtigen sich nicht Spanier, Portugiesen oder Engländer des Völkermordes und des Landraubes in Nordamerika oder Indien? Die Römer haben auch keine Blümchen bei ihren Eroberungen verteilt. Und was geschieht heute in Afrika? Dies sind nur wenige Beispiele von vielen.

Das Selbstbewusstsein der Deutschen reichte bis zur Fußballweltmeisterschaft 2006 so weit, dass sie so gut wie nie eine deutsche Flagge gehisst haben. Ja, es war teilweise sogar verpönt – gepaart mit nationalistischen Vorwürfen. Frau Merkel selbst hat in der Mitte ihrer Regierungszeit, in allen Medien zu sehen und zu lesen, öffentlich vom Wegwerfen der deutschen Flagge Gebrauch gemacht. Keiner hat aufgemuckt oder sich großartig daran gestört – interessant und aussagekräftig für ein Land. In jedem anderen Land zeigt sich Nationalstolz, nur in Deutschland nicht. Ein natürliches Rudelverhalten ist gestorben.

Was um alles in der Welt ist gegen Nationalstolz vorzubringen? Die Antwort lautet schlichtweg: Nichts, denn es handelt sich um ein natürliches Rudelverhalten. Grausamkeiten wie im Dritten Reich sind auch in anderen Staatsformen und zu allen Zeiten vollzogen worden. Wie können manche Vertreter der Gattung Flachdenker sich so weit vom gesunden Menschenverstand entfernt haben, ohne zu differenzieren?

Ich befand mich über einen Zeitraum von sechs Jahren etwa achtmal jährlich auf meinem Schiff in Kroatien. Die Kroaten haben Respekt vor den Deutschen, bemerken jedoch auffallend oft, die

Deutschen hätten den Verstand verloren mit ihrer synthetischen Selbst-Schlechtmacherei.

Dies alles geht in Deutschland so weit, dass eine ideologisch befreite, logische und kritische Meinung verunglimpft wird, sobald es sich um sogenannte Flüchtlinge, politische oder soziale Aspekte handelt. Wenn ich aus sachlichen und nachvollziehbaren Gründen die untätige Asylpolitik ablehne, werde ich von vielen Menschen als Rassist, Ausländerhasser, Rechter oder Populist angesehen. So geht das nicht. Wir leben in einer diktatorisch geführten Demokratie, bisher vorwiegend von einer Person gestaltet. Aber diese Staatsgestaltung ist so führungslos, dass sich unser Staat hochgradig als Selbstläufer entpuppt. Dies ist mehr als gefährlich. Ich schreibe dies als Systemanalytiker, der Zusammenhänge auf den Grund geht und bei hoher Komplexität den Sachverhalt in Einzelsegmente unterteilt, um diese separat zu untersuchen. In den meisten Fällen zeigen sich dann beim Zusammenführen der Segmente die Lösungsansätze. In unserer Politik existiert eine solche Denkweise schlichtweg nicht, sie ist aber erforderlich. Ausreden – das, was Politik heutzutage umfasst – lasse ich nicht gelten.

Denken Sie nur daran, dass in den Jahren um 2015 jeder, der danach strebte, nach Deutschland einreisen konnte und durfte. Die Regierung zeigte sich führungslos und agierte unentschlossen und feige. Einige Jahre zuvor hat man einen Einreisenden ohne Papiere festgenommen. Visa gab es bei den Invasoren schon gar nicht.

Dieses Land ist nicht imstande, Stellung zu beziehen und seine Gesetze anzuwenden. Deutschland ist verweichlicht. Wie sieht die Verweichlichung im Privaten aus?

Vor 60 Jahren war das deutsche Volk mit dem Aufbau nach dem Krieg beschäftigt, man hat an einem Strang gezogen. Kinder wurden zu Recht gemaßregelt, es gab auch schon mal einen Klapps. Jeder junge Mann musste zur Bundeswehr. Dort waren keine Höflichkeitsfloskeln im Trend, es gab klare und unmissverständliche Befehle. Ich habe all dies kennengelernt. Das war manchmal auch hart, doch ich kann in meinem Fall kein nachhaltiges Leid erkennen. Ich habe schlicht gelernt, mich bei Angriffen zu verteidigen, und davon auch keinen Schaden genommen.

Heute schüttele ich manchmal den Kopf wie Eltern, oder besser wie Kinder mit ihren Eltern umgehen. Eltern lassen sich oft von Kindern den Weg weisen. Diese Art Eltern haben in ihrem Leben wenig gelernt. Ich frage mich, wie sich diese bis ins Antiautoritäre reichende Erziehung im späteren Leben der Kinder auswirken wird. Wie können diese Kinder Probleme meistern, wie Konkurrenten abwehren? Nur als Hinweis, ich habe meine Kinder nie geprügelt.

Auffallend viele Muslime versuchen sich mit deutlichem Machogehabe in Szene zu setzen, obwohl keine Gründe für Respekt in Form von Bildung oder Können vorliegen. Der Begriff „Weichei" trifft zu, so die Äußerungen der jungen Türken, wie hier beschrieben. Wir Deutsche können entwickeln, kreieren, aufbauen, wir können verhandeln, uns global bewegen, die schönen Dinge des Lebens genießen, aber wir ziehen sofort den Schwanz ein, wenn man uns „Weichei" zuruft. Wir wagen nicht die kleinste Kritik am Islam, wir entschuldigen Fehlverhalten, bis zur Drohung reichendes Machogehabe von Muslimen, wir lassen religiöse Hintergründe verständnisvoll in Gerichtsurteile einfließen. Die Menge, hauptsächlich die ideologische, hat eine massenpsychologische, bis zum Fanatismus reichende Kraft, dem der Verstand nichts entgegensetzen kann. „Gegen Dummheit ist kein Kraut gewachsen" ist eine durchaus zutreffende Redensart. Toleranz ist wichtig im täglichen Zusammenleben, nimmt sie aber Überhand, so legt sich oft der Tolerante ohne Gegenwehr auf den Rücken – eben Deutschland.

Die EU ist eine Institution, die aus meiner Sicht des Systemanalytikers mit der heißen Nadel gestrickt wurde. Man hat letztendlich versucht, 28 ausgehärtete EU-Betonklötze zusammen zu bringen, was sehr schwierig ist, viel Zeit beansprucht und mit großen Problemen der Abstimmung verbunden ist. In Nordamerika hat man vor wenigen Jahrhunderten erfolgreich versucht, mehrere nicht ausgehärtete Betonklötze, die Staaten, zusammen zu bringen. Mir ist völlig unverständlich, dass Deutschland in den vergangenen zehn Jahren zum Zahlmeister, teilweise auch unter Vorspielen falscher Tatsachen, wurde. Deutschland ist ein Selbstläufer ohne klare Führung. Ein starkes und konsequentes Leben in Freiheit mit klaren und erkennbaren Sanktionen verschwindet immer mehr. In der gesamten Existenz von Mensch und Tier werden und wurden Reviere begrenzt und verteidigt. Dies hat sich über Jahrtausende bewährt. Grenzen sind nicht mit Krieg oder Intoleranz gleichzusetzen, Grenzen bedeuten Schutz. Wer sich nicht schützen kann, ist schlichtweg dumm.

Griechenland hat sich in die EU gelogen, und: Schäuble wollte Geld für Griechenland. Es wurde ihm vom Bundestag zugestanden, weil er das Zahlungsversprechen des IWF in den Vordergrund stellte. Schäuble argumentierte vor dem Bundestag für deutsche Zahlungen an Griechenland: „Auch der Internationale Währungsfonds (IWF), der Hilfspakete nur unter strengen Auflagen vergeben darf, wird sich beteiligen und somit garantieren, dass das Geld eines Tages auch aus Athen zurückkommt. Ohne IWF wäre es kein vernünftiges Ergebnis", versprach Schäuble im Mai 2016. „Ich erwarte, dass der IWF an Bord bleibt. Es ist dabei nicht so relevant, mit welcher Summe er sich beteiligt; entscheidend ist, dass er es tut." Die Geschäftsgrundlage für die Griechenland-Rettung, die Schäuble den Abgeordneten versprochen hatte, hat sich nie materialisiert. Der Bundestag hat dem dritten Hilfspaket nur in der

Erwartung zugestimmt, dass sich der IWF beteiligt. All dies lässt man gewähren, sanktionslos. Glauben Sie allen Ernstes, dass das Geld zurückkommt? Man vergibt nicht sein Geld, sondern das Geld der anderen.

Ein bekanntes Zitat Ernst Moritz Arndts (1769 - 1860) lautet: „Wenn sich die Welt selbst zerstört, dann fängt es so an: Die Menschen werden zuerst treulos gegen die Heimat, treulos gegen die Vorfahren, treulos gegen das Vaterland. Sie werden dann treulos gegen die guten Sitten, gegen den Nächsten, gegen Frauen und gegen Kinder."

Die Gesellschaft ist inzwischen in ihrem Urteil so gleichgültig geworden, dass die Wahrheit als Belästigung empfunden wird. Es ist heute keine Seltenheit mehr, wenn Polizisten, die Feuerwehr, Hilfskräfte und Notärzte nicht nur von Invasoren, sondern auch von Biodeutschen angegriffen werden.

Ich stelle zwischendurch eine einfache Frage: Mit welcher Begründung und mit welchem Erfolgswunsch werden doppelte Staatsbürgerschaften vergeben?

Gutmenschen sind Flachdenker ohne erkennbaren Tiefgang und Weitblick, wie bereits erwähnt. Sie denken und empfinden nur in kurzen Zeiträumen, sie sind nicht in der Lage, die Auswirkungen ihrer Denkweise für die nächsten zehn oder zwanzig Jahre zu erahnen. Gutmensch sein ist geistige Selbstbefriedigung, ein sehr gefährlicher Typ Mensch, denn bei denen ist eben alles gut.

Toleranz ist eine notwendige soziale Eigenschaft im Umgang mit dem Menschen, sie grenzt aber an Dummheit.

In Deutschland ist es mittlerweile schwierig, eine realistische und vernunftgeprägte Meinung zu äußern, die sich gegen Massenmeinungen stellt. Ich wiederhole mich abermals: Die Masse verfügt ausschließlich über Emotionen und nicht über Vernunft, das Individuum über beides. Bringt ein Politiker oder Bürger einen Einwand gegen die Flüchtlingspolitik von Frau Merkel vor, so wird dies im sanften Fall als Affront abgetan. Hier wird folgendes gelebt: Demokratie: ja; Meinung: nein.

Seit meiner Jugend habe ich aus mir unerklärlichen Gründen versucht, viele Dinge aus der Vogelperspektive zu betrachten. Dies ist natürlich nur dann möglich, wenn man nicht selbst in einer Thematik involviert ist. Ich kann nur jedem raten, sich mit dieser Blickweise zu beschäftigen.

All dies möchte kein Mensch hören – keiner der sicher etabliert sich in der Komfortzone bewegt.

Unkontrollierte Invasion

Wer die Kontrolle aus der Hand gibt, gleichgültig auf welchem Gebiet oder mit welcher Technik, wird ertrinken, ersticken, beraubt oder einfach nur überrollt. Auch wenn die Auswirkung der Nicht-

Kontrolle sich schleichend und leise Raum sucht, so steht sie mit all ihren Problemen bald mit Gewalt vor der Tür. Dann, lieber Leser, kann es zu spät sein. Der Flachdenker kann sich nicht darauf präparieren, der Mensch mit Weitblick schon, aber das sind wenige. Kontrollverlust ist das eine und Kontrollverzicht das andere, denn Letzteres ist gewollt. Versuchen Sie heutzutage einmal bei offener Haustür zu schlafen. Schreien Sie dann noch in die Welt hinaus, dass die Haustür offen ist und geben Ihre Adresse bekannt. Dann reden wir weiter. Abschottung ist hier nicht gemeint. Wenn jemand die Invasion kritisch sieht, will er sich nicht unbedingt abschotten, er sucht Schutz durch Kontrolle außerhalb Deutschlands, denn wer hier lebt, geht nicht.

Warum haben Deutschland und die EU Grenzkontrollen abgelegt, ad acta? Das Grundgesetz, bei allen so gepriesen, wurde nach dem Zweiten Weltkrieg geschaffen, mit gutem Willen. Die Regelung des Asyls und der Religionen halte ich heute für äußerst riskant in der jetzigen Form. In beiden Bereichen überlässt es Deutschland anderen Menschen, über deutsche Gelder und Strukturen zu verfügen – out off control. Hier gilt auch: Was Hänschen nicht lernt, lernt Hans nimmermehr. Was Klein-Mohamed nicht lernt, lernt er in einer anderen und anspruchsvolleren Kultur erst recht nicht. Ausnahmen bestätigen den dichtesten Wert.

Ich weise auf einen weiteren gravierenden Fehler unserer führungslosen Politik hin: Wer nach Deutschland kommt, kann etwas tun und sollte etwas tun. Die Invasoren erhalten jedoch Unterkunft, Verpflegung und Geld, auch ohne etwas dafür tun zu müssen. Es ist pädagogisch völlig ungesund, dafür keine Gegenleistung einzufordern. Geschenke in Bausch und Bogen sind sozial ungesund, ich persönlich schenke gezielt und mit Augenmaß. Man gewöhnt sich schnell an Geschenke. Ein sogenannter Flüchtling bekommt ein sicheres Einkommen, viele deutsche Rentner auch, aber oft wesentlich weniger. Unser Staat zeigt sich als Weichei, wie es mir Türken zu verstehen gegeben haben, so wie es mir auch Kroaten zu verstehen gegeben haben. Diese Aussage ist auch zutreffend. Wie hat sich der gute demokratische Gedanke zu einer diktatorisch realitätsabgewandten Demokratie entwickeln können? Es wird geredet, aber nicht der Realität entsprechend gehandelt. Es gilt: Reden ist Silber, Handeln ist Gold. Wo ist das Gold?

Die Altdeutschen (die Bezeichnung ist für viele schon nazibehaftet) und die Invasoren wirken in hohem Maß aufeinander. Ich möchte meine These mit einem Beispiel untermauern. In einem landwirtschaftlichen Betrieb werden Milchkühe nach den höchsten Reinlichkeitsgeboten gehalten. Was denken Sie, was geschieht, wenn die Reinlichkeit der Milch nicht mehr kontrolliert wird? Aus Milch entsteht Käse, Joghurt oder etwa Babynahrung. Muss ich es näher ausführen? Die moralische Reinlichkeit ist unsere erworbene Stärke. Verfügen in diesem Beispiel auch viele Neuankömmlinge darüber? Nein.

Wer zahlt den Invasoren für Klagen, Handy, Unterkunft, Lebensmittel, Arztbesuche oder Transit? In einem Krankenhaus im Rhein-Main-Gebiet wurde meine Frau vor einiger Zeit stationär aufgenommen. Natürlich habe ich sie täglich besucht, stets mit den gleichen Impressionen. Mir sind dort mindestens 70 Prozent nicht deutschsprechende Personen mit Anhang begegnet. Ist der Anteil derer so groß in Deutschland? Nein. Aber 70 Prozent der in deutschen JVAs Einsitzenden haben Migrationshintergrund. Überprüfen Sie es – es stimmt!

Stellen Sie sich folgendes Szenario vor: In Afrika ist vor einigen Jahren die Krankheit Ebola ausgebrochen. Nun reisen rund 500 mit Ebola Infizierte unkontrolliert nach Europa ein, davon 200 nach Deutschland. Die infizierten Afrikaner haben Kontakt zu Polizei, Beamten und deutschen Bürgern. Plötzlich infizieren sich auch diese Personen, eine Epidemie bricht aus. Sie glauben, dass dies nicht eintreten kann. Oh doch, es kann.

Ein weiteres Szenario: Ein Terrorist bewirbt sich bei der Wasserversorgung im Rhein-Main-Gebiet. Er wird eingestellt und man vertraut ihm nach einiger Zeit. Nach zwei Jahren hat er Zugang zu den großen Trinkwasserspeichern. Er vergiftet das Trinkwasser für weit über eine Million Bürger. Das gibt es nicht, denken Sie.

Auch das gibt es. Sie brauchen nur Menschenkenntnis und Fantasie, um sich dieses Szenario vorzustellen.

Nun stellen Sie sich vor, Sie sind in Afrika aufgewachsen und haben über die weltweiten Medien erfahren, wie es sich in anderen Regionen der Erde leben lässt. Sie sind aber unter ganz anderen Bedingungen aufgewachsen. Sie haben Krieg und Kämpfe kennengelernt. Sie haben von Kindesbeinen an gelernt, Waffen zum Schutz zu benutzen. Die Schule kennen Sie nicht. Sie haben Ihr Leben oft auf Verteidigung und nicht auf Achtung von Mensch und Tier eingenordet, ohne, dass Sie selbst je eine Wahl hatten. Sie haben gelernt, dass Ungläubige als Feinde zu sehen sind. Wenn ein Problem vor Ihnen steht, so lösen Sie es nicht mit einem Gespräch, sondern mit Gewalt. Sie bestrafen ihren Kontrahenten. Nicht alle sind so, aber auffällig viele, und wissen ihr wahres Gesicht gut zu verbergen.

Was Sie in den Medien sehen und hören, wollen Sie auch als Afrikaner: Sie möchten in einer besseren Welt leben. Sie sehen aber nur das Materielle und die Freiheiten, nicht aber die sozialen Pflichten. Freiheiten in die die gelobten Länder über Jahrzehnte oder Jahrhunderte hineinwachsen mussten. Und dies hat viel Schweiß gekostet, von der Moral ganz zu schweigen. Das alles kennen Immigranten nicht. Der Mensch verträgt im Übrigen nur ein gewisses Maß an Freiheit und die muss dem jeweiligen Zeitgeist angepasst werden, ist sie aber nicht.

Nun versuchen Sie nach Europa zu kommen, dort wo vermeintlich Milch und Honig fließen. Sie leben aber in Europa das Leben, das Sie von Ihrer Herkunft gewöhnt sind. Sie erwarten und fordern. Kann man es Ihnen verdenken? Man muss es denjenigen ankreiden, die dies zugelassen haben – und das sind wir Europäer. Eine Verrohung möchte hier zwar niemand, doch ist sie in Sichtweite.

Der Begriff Invasion ist als das Einfallen von Menschenmassen in ein bestimmtes Gebiet definiert. Diese Auffassung trifft auf die Masseneinwanderung innerhalb der vergangenen Jahre zu. Sekundär sind die Massen in wahre Flüchtlinge und Wirtschaftseinwanderer zu unterscheiden. Wirklich niemand kennt die Anteile beider Gruppen. Eines jedoch ist gewiss: Es wird gelogen und betrogen und das die Flüchtlinge aufnehmende Land lässt sich belügen und betrügen. Das ist schlichtweg dumme und feige Politik. Zumal diesen Menschen Einladungen nach Europa, insbesondere Deutschland, vorliegen, wenn auch nicht persönlich. Beispiel: Initiiert durch die Konrad-Adenauer-Stiftung erschien 2015 in Zusammenarbeit mit dem Herder-Verlag das 144-seitige Werk „Deutschland – Erste Informationen für Flüchtlinge" in deutscher und arabischer Sprache.

Die gesamte Betrachtung hat sicherlich auch einen humanen Hintergrund, sollte aber sachlich und mathematisch begründet sein. Warum ist ein Staat wie Deutschland nicht ehrlich zu sich selbst? Es werden Daten und Vorkommnisse verdreht, abgeschwächt, aufgebauscht und verfälscht. Glauben Sie allen Ernstes, dass der erhebliche Anteil von religiös voreingenommenen bis kriminell geprägten Einwanderern zu integrieren ist? Lautet Ihre Antwort ja, so haben Sie sich nie mit dem Charakter von Koran und Islam beschäftigt.

In den ersten fünf bis zehn Jahren wird der junge Mensch in seinem Leben grundlegend geprägt, später gewinnen nur noch kleine Korrekturen Einfluss. Es stellt sich die Frage: Wer ist wo aufgewachsen? Was sind das für Sprüche von dem Politiker Martin Schulz: „Die Neubürger sind mehr wert als Gold"? Warum und mit welchem Hintergrund wird so etwas von Politikern geäußert?

Ein Staat schwächt sich, wenn er uneingeschränktes Asylrecht gewährt und dem „Flüchtling" die Entscheidung überlässt, ob er nach Europa kommt oder nicht. Es folgt ein unkontrolliertes Szenario. In Afrika leben heute ungefähr 1,1 Milliarden Menschen. Man schätzt, dass sich diese Bevölkerung bis 2100 vervierfacht haben wird, also 4,4 Milliarden. Weder werden Bildung noch Ernährung, Gesundheitswesen oder Kultur mitwachsen. Afrika wird immer mehr Hunger leiden und verständlicherweise in sämtliche

Richtungen streben. Wenn es Afrika nicht versteht, sich selbst zu helfen, dann muss die westliche Welt Einfluss auf die Bevölkerungsexplosion nehmen. Darüber darf es keine Diskussion geben, auch nicht bei den „Gutmenschen". Vernunft und realistische Ansätze müssen Ideologie ersetzen. Wer dies aufgrund von Mangel an Urteilungsvermögen nicht erkennt oder ausblendet, trägt zu einer menschlichen Katastrophe bei. Nebenbei sei erwähnt: „Alter schützt vor Torheit nicht."

Europa ist ein guter Wein. Nun schenken Sie in diesen Wein Wasser in unterschiedlicher Qualität, und dies immer mehr. Bisher haben die grünen Männlein vom Mars unseren Wein gerne getrunken und immer wieder nachbestellt. Jetzt beziehen diese grünen Männlein ihren Wein von der WEGA, denn unser Wein ist verdorben, verwässert und nichts mehr wert. So gestaltet Deutschland seine Bevölkerung durch den unkontrollierten Zuzug, schauen Sie sich die Schulen an, besonders in den Metropolen.

Die Aussage „wir schaffen das" hat dazu beigetragen, eine emotional gesteuerte Willkommenskultur zu schaffen. Wer ist denn dieser Einladung gefolgt? Unter den Flüchtlingen fanden sich auch Kriminelle, Hassprediger und Terroristen. Nicht alle, die sich als Pharmazeut oder Arzt ausgegeben haben, konnten den grundlegendsten Prüfungen standhalten, da sie nicht über die notwendige Ausbildung verfügen. Es kamen Integrationswillige, aber auch Migranten, die nur in die deutschen Sozialsysteme einwandern wollten.

Wie viel Prozent der in den deutschen Justizvollzugsanstalten Einsitzenden haben nach Ihrer Schätzung Migrationshintergrund? Während der Recherche zu einem meiner Bücher konnte ich den Prozentsatz ermitteln. Ich musste mich aber an anderen Stellen vergewissern, ob dem wirklich so ist, denn er ist hoch, sehr hoch. 70 Prozent der Einsitzenden haben Migrationshintergrund und davon sind über 50 Prozent türkischer Herkunft. Sie glauben es nicht, so wie ich vor Jahren? Dann beschaffen Sie sich die Informationen selbstständig aus unterschiedlichen Quellen, beispielsweile aus Gesprächen mit der Polizei – es wird schwer sein, denn die Politik geht nicht damit auf Stimmenfang. Aber Vorsicht, die Polizei wird immer vorsichtiger mit solchen Aussagen – kein Wunder, hat sie doch beängstigend wenig Rückendeckung von Seiten der Politik. Mit Statistiken wird es etwas schwieriger, man kann den Eindruck gewinnen, niemand soll die Tatsachen erfahren.

Dies eine Hochzeit der „Willkommenskultur" zu nennen ist wirklichkeitsfremd, ja irreführend. Es reisten eben nicht nur schutzbedürftige Flüchtlinge in Deutschland ein. Unter all den Menschen befand sich ein erheblicher Teil an Analphabeten. Ich habe sie selbst in nordafrikanischen Ländern kennengelernt – in Massen.

Warum sollen illegal eingereiste Flüchtlinge ihre Familien legal nach Deutschland holen dürfen? Das versteht doch kein vernunftbegabter Mensch. Das Leistungsniveau in unseren Schulen, Bildungseinrichtungen und Universitäten wird sinken, das Abitur wird leichter. Das Ergebnis wird die Reduktion einer hervorragenden leistungsfähigen Wirtschaft sein.

Hier ein Internet-Bericht eines Schöffen an einem deutschen Gericht: „Ich war acht Jahre Jugendschöffe, vier am Landgericht xxx und dann vier am Amtsgericht yyy[1]. Ich kann einem ‚richtigen' Deutschen nur empfehlen, nicht mit Nachbars Quad zu fahren, dafür gibt es die gleiche Strafe wie für 70 (in Worten: siebzig) professionelle Einbrüche eines ‚neuen guten' Deutschen. Ich habe da Bolzen erlebt, die sind einfach unbeschreiblich. Da kann man ein Buch von schreiben. Eine Berufsrichterin meinte in einer Schöffen-Besprechung nur: Man müsse, die'" – gemeint war die Summe der migrantischen Südländerdeutschen – „einfach nur, präventiv' drei Tage die Woche wegsperren, dann hätten wir halb so viel Kriminalität in Deutschland."

Ein kleines Beispiel aus dem Anfang meiner Schöffenperiode im Gerichtssaal: Der Staatsanwalt verliest (eine halbe Ewigkeit) die Anklageschrift. Bei dem Täter handelt es sich um einen Deutschen

---

[1] Anm. des Autors: Orte unkenntlich gemacht.

(Türke), Anführer einer Gang, muskelbepackt. Die Anklage lautete: extreme Körperverletzung, Raub, Diebstahl, Drogenhandel und andere Delikte. Als der Staatsanwalt endete, stand der Täter auf, baute sich drohend auf und meinte voller Aggressivität: „Jetzt weiß ich, wie du heißt, heute Abend bin ich draußen und ficke deine Tochter." Gut, das konnte verhindert werden, da der Staatsanwalt keine Tochter hatte. Das Urteil fiel folgendermaßen aus: drei Jahre und drei Monate, ohne Bewährung. (Es geht auch ohne Bewährung.)

Nachdem es viele Fälle mit Bewährungsstrafen gab, fragte ich die drei Berufsrichter, warum denn so viele Personen auf Bewährung von den Amtsgerichten beim Landgericht landen. Die Antwort eines Berufsrichters am Landgericht lautete: „Wir (die Richter) haben eine mündliche Anweisung vom Justizministerium NRW, dass eben möglichst nur im Ausnahmefall Gefängnis vergeben werden solle." Die Begründung war:

1. Die Gefängnisse sind voll;
2. die Kosten von monatlich über 3.000 Euro pro Kopf sind nicht bezahlbar; und
3. (der echte Hammer) sonst wäre die Statistik so massiv negativ für die Migranten.

Das war noch zu rot-grüner Zeit. Nach dem Wechsel habe ich das unserem CDU-Abgeordneten mit der Bitte mitgeteilt, das anzusprechen. Nichts hat sich geändert. Soweit die Erfahrungen eines Schöffen.

Prof. Dr. Hans-Werner Sinn

Hans-Werner Sinn ist ein deutscher Ökonom. Er war Hochschullehrer und von 1999 bis 2016 Präsident des ifo Instituts für Wirtschaftsforschung. In seinem wissenschaftlichen Werk widmet er sich in einer Vielzahl von Beiträgen der deutschen Vereinigung, dem Euro, dem Klimawandel sowie den wirtschaftspolitischen Entscheidungen. Hier ein Zahlenauszug einer seiner Reden:

1. Zwei Drittel der Schulabgänger Syriens liegen unter PISA 1 (Wößmann), dies entspricht einem oberflächlichen Verständnis einfacher bekannter Texte und somit einer elementaren Lesefähigkeit.
2. 46 % der Syrer in den türkischen Flüchtlingslagern liegen unter PISA 1 (Felbermayr, Battisti).
3. 70 % der Immigranten aus Krisenländern, die vor zwei Jahren eine Ausbildung in Bayern begannen, haben sie inzwischen abgebrochen; 25 % der Einheimischen brechen ab (Handwerkskammer München und Oberbayern).
4. 8 % der Alt-Migranten arbeiten nach einem Jahr. 50 % nach 5 Jahren. 70 % nach 15 Jahren (IAB).
5. Bernd Raffelhüschen, Freiburg: 1 Mio. Flüchtlinge kosten in der Generationenrechnung 450 Milliarden Euro (450.000 Euro pro Kopf).

6. Weiter Bernd Raffelhüschen, Freiburg: Hätten die Flüchtlinge bei gleichem Alter die durchschnittliche Ausbildung der in Deutschland Ansässigen, ergäbe sich ein fiskalischer Nettobetrag von + 300 Mrd. Euro.
7. Schon durch die bisherigen Migranten wird das Sozialsystem sehr belastet.
8. Angaben zu Unterhalt und Einkommen (2014). Anteil der Ausländer mit eigener Migrationserfahrung an der Gesamtbevölkerung mit überwiegendem Lebensunterhalt: Sozialhilfe mit 25,2 %, Hartz IV mit 18,0 % und Arbeitslosengeld mit 12,0 %.

Glauben Sie allen Ernstes, dass sich die genannte Gruppe hier plötzlich intelligent, leistungsfähig und moralisch integer entwickelt? Die Politik und ein Großteil der Bevölkerung ziehen das Verharren in ihren Komfortzonen dem sich Aussetzen von Angriffen vor.

9. Die Psychologie der Massen

Womit alles und jedes zusammenhängt

Ich möchte hier einige Passagen von Gustave le Bons Lehren anführen, die ich bis auf geringste Ausnahmen teile. Le Bon lebte zwischen 1841 und 1931 und war ausgebildeter Arzt, Ethnologe, Soziologe und Psychologe. Seine Werke gelten noch heute in den Wissenschaften als Grundlagenwerke. Das, was wir im Allgemeinen unter Moral verstehen, kann sich nur ein Volk erlauben, das sich nach einer Katastrophe vereinen will, oder ein Volk, das in friedlichen und weitestgehend zufriedenen Verhältnissen lebt. Unter Kriegern ist Moral schwerlich zu finden. Moral wird sehr schnell und oft unbemerkt durch den Einfluss meist negativer massenpsychologischer Beeindruckung entmachtet.

Die Anlagen des Menschen, die Umwelt und die Gelegenheiten lassen den Menschen seine sozialen Triebe (unvollständig und wiederholt) ausleben. Besagte Anlagen möchte ich exemplarisch aufführen:

(überwiegend) positiv:

- Liebe
- Nachsicht
- Aufopferung
- Verzicht
- Hilfsbereitschaft
- Kooperationsbereitschaft
- Teamgeist
- Verständnis
- Großzügigkeit
- Trauerfähigkeit
- Ehrgeiz
- Realitätssinn

(überwiegend) negativ:

- Gier

- Machtstreben
- Aggression
- Verständnislosigkeit
- Neid
- Hass
- Rücksichtslosigkeit
- Rache
- Missgunst
- Geiz
- Ehrgeiz
- Fanatismus

Wenn hier auch nicht alle Eigenschaften zu 100 % dem sozialen Verhalten zuzuordnen sind, so verfügt doch jeder Mensch darüber, ob weiß, schwarz oder gelb. Die negativen Eigenarten sind ebenso wichtig wie die positiven. Denn gäbe es sie nicht, wäre kaum ein Vorankommen möglich. Es ist immer nur die Frage, wie es ausgelebt wird und in welcher Intensität.

Ein Mensch, nennen wir ihn Emil, vertritt eine Meinung A, konträr zur Meinung B. Es ist in diesem Beispiel gleichgültig, was detailliert hinter A oder B steckt, die Meinungen sind gegensätzlich. Bei einer privaten Feier kommt Emil in ein sehr sympathisches und angeregtes Gespräch mit dem landesbekannten Schauspieler Alfons. Nun kam zufällig Alfons Meinung B zur Sprache, er hielt darüber einen Monolog. Emil erzählt später: „Der Alfons ist ein Show-Typ, der hat mich zu einer seiner Aufführung eingeladen. Ich gehe hin. Eigentlich hat er recht mit seiner Meinung B. Zwei Tage vorher aber hat Emils in der Öffentlichkeit unbekannter Freund Anton auch diese Meinung B geäußert. Emil sagte damals: „Du Spinner!". Emil vertritt 80 % der Bevölkerung. Emil war einmal der Meinung B zugetan und ein anderes Mal nicht – erstaunlich, was Publicity ausmacht.

Unser Emil vertritt in einem anderen Beispiel die Meinung A. In den Medien Fernseher, Presse, Rundfunk, Internet und den Äußerungen von Freunden hört man die Meinung B. Das dreimalige Vorbeten der Meinung B hat Emils Meinung geändert, ohne sein Rechenwerk im Gehirn zu konsultieren. Emil verhält sich wie 80 % der Bevölkerung.

Sicherlich sind diese Beispiele extrem, aber absolut realistisch, denn genauso verhält sich die Masse der Menschen. 20 % der Bevölkerung verfügt über mehr Weitblick, Tiefgang und die Fähigkeit, sich aufgrund von Erfahrung und Verstand eine gefestigte Meinung zu bilden. Meinungen ändern sich dann, wenn sich die Grundlage dafür ändert.

Wie sieht die Wissenschaft (Le Bon) dies?

„Bisher bestand die Aufgabe der Massen offenbar in großen Zerstörungen alter Kulturen. Die Geschichte lehrt uns, dass in dem Augenblick, da die moralischen Kräfte, das Rüstzeug einer Gesellschaft, ihre Herrschaft verloren haben, die letzte Auflösung von jenen unbewussten und rohen Massen, welche recht gut als Barbaren gekennzeichnet werden, herbeigeführt wird. Bisher wurden die Kulturen von einer kleinen, intellektuellen Aristokratie geschaffen und geleitet, niemals von den Massen. Die Massen haben nur Kraft zur Verstörung. Ihre Herrschaft bedeutet stets eine Stufe der Auflösung. Eine Kultur setzt feste Regeln, Zucht, den Übergang des Triebhaften zum Vernünftigen, die Vorausberechnung der Zukunft, überhaupt einen hohen Bildungsgrad voraus – Bedingungen, für welche die sich selbst überlassenen Massen völlig unzugänglich sind.

Ist das Gebäude einer Kultur morsch geworden, so führen die Massen seinen Zusammenbruch herbei. Jetzt tritt ihre Hauptaufgabe zutage. Plötzlich wird die blinde Macht der Masse für einen Augenblick zur einzigen Philosophie der Geschichte. Wird es sich mit unserer Kultur ebenso verhalten? Es ist zu befürchten, aber wir wissen es noch nicht.

Wir müssen uns damit abfinden, die Herrschaft der Massen zu ertragen, da unvorsichtige Hände allmählich alle Schranken, die jene zurückhalten konnten, niedergerissen haben.

Zweifellos gibt es verbrecherische Massen, aber es gibt auch tugendhafte, heroische und noch viele andersartige Massen.

Napoleon erfasste wunderbar das Seelenleben der französischen

Massen, aber er verkannte oft völlig die Massenseele fremder

Rassen."

Hohe und indirekte Steuer wird von der Masse angenommen.

„Wenn sie täglich pfennigweise für Konsumartikel entrichtet wird,

stört sie die Gewohnheiten nicht und beeinflusst sie wenig. Man

lege an ihrer Stelle eine proportionale, auf einmal zu entrichtende

Steuer" – also die Summe – „auf die Löhne oder anderen

Einkommen, mag sie auch theoretisch zehnmal weniger sein als die

andere, so wird sie heftigen Widerspruch erregen. […] Dieses

Beispiel enthüllt sonnenklar geistige Verfassung der Massen. Die

Erfahrung hat ihnen noch nicht genügend bewiesen, dass die

Menschen sich niemals von den Vorschriften der reinen Vernunft

leiten lassen.

Die bewusste Persönlichkeit schwindet, die Gefühle und

Gedanken aller einzelnen sind nach derselben Richtung orientiert.

Es bildet sich eine Gemeinschaftsseele, die wohl veränderlich, aber

von ganz bestimmter Art ist." Le Bon nennt dies „organisierte

Masse" oder „psychologische Masse". „Sie bildet ein einziges Wesen

und unterliegt dem Gesetz der seelischen Einheit der Massen."

Tausend zufällig auf einem öffentlichen Platz, ohne einen

bestimmten Zweck versammelte Einzelne bilden keineswegs eine

Masse im psychologischen Sinne. Damit sie die besonderen

Wesenszüge der Masse annehmen, bedarf es des Einflusses gewisser Reize, deren Wesensart wir zu bestimmen haben. Die ersten Vorstöße zu einer Masse hin, erfordert nicht immer die gleichzeitige Anwesenheit mehrerer einzelner an einem einzigen Ort. Irgendein Zufall, der sie vereinigt, genügt dann, dass ihre Handlungen sogleich die besondere Form der Massenhandlungen annehmen. Die psychologischen Massen lassen sich also einteilen. Der Umstand ihrer Umformung zur Masse zeigt eine Gemeinschaftsseele.

Durch die unbewussten Bestandteile, die der Rassenseele zugrunde liegen, ähneln sich alle einzelnen dieser Rasse, durch ihre bewussten Anlagen dagegen – Früchte der Erziehung, vor allem aber einer besonderen Erblichkeit – unterscheiden sie sich voneinander. Menschen von verschiedenartigster Intelligenz haben äußerst ähnliche Triebe, Leidenschaften und Gefühle. In der Gemeinschaftsseele verwischen sich die Verstandesfähigkeiten und damit auch die Persönlichkeit der einzelnen. Das Ungleichartige versinkt im Gleichartigen und die unbewussten Eigenschaften überwiegen.

Eben die Vergemeinschaftlichung der gewöhnlichen Eigenschaften erklärt uns, warum die Massen niemals Handlungen ausführen können, die eine besondere Intelligenz beanspruchen. Die Entscheidungen von allgemeinem Interesse, die von einer

Versammlung hervorragender, aber verschiedenartiger Leute getroffen werden, sind jenen, welche eine Versammlung von Dummköpfen treffen würde, nicht merklich überlegen.

Das Auftreten besonderer Charaktereigentümlichkeiten der Masse wird durch verschiedene Ursachen bestimmt. Die erste dieser Ursachen besteht darin, dass der einzelne in der Masse schon durch die Tatsache der Menge ein Gefühl unüberwindlicher Macht erlangt, welches ihm gestattet, Trieben zu frönen, die er für sich allein notwendig gezügelt hätte. Das Verantwortungsgefühl schwindet, es tritt eine Art Hypnose ein.

Noch eine weitere, und zwar wichtige Ursache, ruft in den zur Masse vereinigten einzelnen besondere Eigenschaften hervor, welche denen der alleinstehenden einzelnen völlig widersprechen: ich rede von der Beeinflussbarkeit, von der die obenerwähnte geistige Übertragung übrigens nur eine Wirkung ist. Man kann sagen: „Da das Verstandesleben des Hypnotisierten lahmgelegt ist, wird er der Sklave seiner unbewussten Kräfte, die der Hypnotiseur nach seinem Belieben lenkt." Ungefähr in diesem Zustand befindet sich der einzelne als Glied einer Masse. Die einzelnen in einer Masse, die eine hinreichend starke Persönlichkeit haben, um dem Einfluss zu widerstehen, sind in zu geringer Anzahl vorhanden, und der Strom reißt sie mit.

Die Hauptmerkmale des einzelnen in der Masse sind also: Schwinden der bewussten Persönlichkeit, Vorherrschaft des unbewussten Wesens, Leitung der Gedanken und Gefühle durch Beeinflussung und Übertragung in der gleichen Richtung, Neigung zur unverzüglichen Verwirklichung der eingeflößten Ideen. Der einzelne ist nicht mehr er selbst, ein Automat geworden, dessen Betrieb sein Wille nicht mehr in der Gewalt hat. Allein durch die Tatsache, Glied einer Masse zu sein, steigt der Mensch also mehrere Stufen von der Leiter der Kultur hinab. Es hängt alles von der Art des Einflusses ab, unter dem die Masse steht.

Man bringt sie leicht dazu, sich für den Triumph eines Glaubens oder einer Idee in den Tod schicken zu lassen, begeistert sie für Ruhm und Ehre, dass sie sich, wie im Zeitalter der Kreuzzüge, fast ohne Brot und Wasser zur Befreiung des göttlichen Grabes von den Ungläubigen, oder wie im Jahre 1793 zur Verteidigung des vaterländischen Bodens fortreißen lässt. Gewiss ein unbewusstes Heldentum, aber durch solche Heldentaten vollzieht sich die Geschichte. Wollte man nur die mit kalter Überlegung ausgeführten Großtaten auf das Aktivkonto der Völker schreiben, so würden in den Weltanalen nur wenige verzeichnet sein.

Bei der Untersuchung ihrer grundlegenden Charakterzüge sagten wir, dass die Masse beinahe ausschließlich vom Unbewussten geleitet wird. Ihre Handlungen stehen viel öfter unter dem Einfluss des Rückenmarks als unter dem des Gehirns. Die Masse ist Spielball aller äußeren Reize. Da dem alleinstehenden einzelnen aber sein Gehirn die unangenehmen Folgen des Nachgebens zeigt, so gehorcht er ihnen nicht. Physiologisch lässt es sich so erklären, dass der alleinstehende einzelne die Fähigkeit zur Beherrschung seiner Empfindungen hat, die Masse aber dazu nicht imstande ist. Die mannigfaltigen Triebe, denen die Massen gehorchen, können je nach dem Anreiz edel oder grausam, heldenhaft oder feige sein, stets aber sind sie so unabweisbar, dass der Selbsterhaltungstrieb vor ihnen zurücktritt. Die Reize sind äußerst wandelbar und ebenso ihre Wirkung. Die Masse wird leicht zum Henker, ebenso leicht aber auch zum Märtyrer. Nichts ist also bei den Massen vorbedacht. Die Masse ist nicht nur triebhaft und wandelbar" und ihre Überzahl gibt den einzelnen das Gefühl unwiderstehlicher Macht.

Der alleinstehende einzelne ist sich klar darüber, dass er allein keinen Palast einäschern, keinen Laden plündern könnte, und die Versuchung dazu kommt ihm kaum in den Sinn. Als Glied einer Masse aber übernimmt er das Machtbewusstsein, das ihm die Menge verleiht, und wird der ersten Anregung zu Mord und Plünderung augenblicklich nachgeben.

Als einen der allgemeinen Charakterzüge bezeichneten wir die übermäßige Beeinflussbarkeit und wiesen nach, wie ansteckend eine Beeinflussung jeder Menschenansammlung ist. So muss die

Masse, die stets an den Grenzen des Unbewussten umherirrt, allen Einflüssen unterworfen ist, von der Heftigkeit ihrer Gefühle erregt wird, welche allen Wesen eigen ist, die sich nicht auf die Vernunft berufen können, alles kritischen Geistes bar, von einer übermäßigen Leichtgläubigkeit sein. Nichts erscheint ihr unwahrscheinlich, und das darf man nicht vergessen, wenn man begreifen will, wie leicht die unwahrscheinlichsten Legenden und Berichte zustande kommen und sich verbreiten. Die Masse denkt in Bildern, und das hervorgerufene Bild löst eine Folge anderer Bilder aus, ohne jeden logischen Zusammenhang mit dem ersten. Die Vernunft beweist die Zusammenhanglosigkeit dieser Bilder, aber die Masse beachtet sie nicht und vermengt die Zusätze ihrer entstellenden Fantasie mit dem Ereignis. Die Masse ist unfähig, das Persönliche von dem Sachlichen zu unterscheiden. In dem Augenblick, da sie zu einer Masse gehören, werden der Ungebildete und der Gelehrte gleich unfähig zur Beobachtung.

Es gibt unzählige Beispiele. Vor einigen Jahren gaben die Zeitungen die Geschichte von zwei kleinen ertrunkenen Mädchen wieder, die aus der Seine gezogen wurden. Diese Kinder wurden zuerst in bestimmter Weise von einem Dutzend Zeugen erkannt. Vor so übereinstimmenden Aussagen schwand auch der leiseste Zweifel des Untersuchungsrichters, er ließ den Totenschein ausfertigen. In dem Augenblick aber, da man sich zur Beerdigung anschickte, entdeckte man durch Zufall, dass die mit den Opfern Identifizierten noch völlig lebendig waren und kaum eine entfernte Ähnlichkeit mit den ertrunkenen Kleinen besaßen. Wie in mehreren anderen Beispielen hatte die Behauptung des ersten Zeugen, der das Opfer einer Täuschung war, zur Beeinflussung aller anderen genügt. In solchen Fällen ist der Ausgangspunkt für die Beeinflussung stets die Täuschung, die durch mehr oder weniger unbestimmte Erinnerungen in einem einzelnen erzeugt wird, außerdem die Übertragung durch Mitteilung dieses ersten Irrtums. Die eingebildete Vorstellung kann dann zum Kern einer Art Kristallisation werden, welche den Bereich des Verstandes ergreift und allen kritischen Geist lähmt." Beispiel: Erkennen von Kinderleichen durch Mütter.

„Um aber auf die Beobachtung zurückzukommen, die von den Massen gemacht werden, so können wir daraus schließen, dass die Kollektivbeobachtungen die verfehltesten von allen sind, und dass sie meistens nur die einfache Täuschung eines einzelnen sind, die durch Übertragung alle anderen beeinflusst hat. Unzählige Fälle beweisen, dass man gegen die Zeugenschaft der Masse das größte Misstrauen hegen muss.

Aus dem Vorstehenden folgt klar, dass die Geschichtswerke als reine Phantasiegebilde zu betrachten sind. Es sind Phantasieberichte schlecht beobachteter Ereignisse nebst nachträglich ersonnenen Erklärungen. Legendäre Helden, nicht die wirklichen Helden haben Eindruck auf die Massen gemacht.

Wir haben in unseren Tagen erlebt, wie sich die Legende eines der größten Helden der Geschichte in weniger als fünfzig Jahren wiederholt verändert hat. Unter den Bourbonen wurde Napoleon zu einer idyllischen, menschenfreundlichen und freisinnigen Persönlichkeit, einem Freunde der Armen, die, wie der Dichter sagt, sein Andenken in ihrer Hütte für lange Zeit bewahren würden. Dreißig Jahre später war der gutmütige Held zu einem grausamen Despoten geworden, zu einem Usurpator" – jemand, der widerrechtlich die Macht an sich reißt – „von Macht und Freiheit, der drei Millionen Menschen nur zur Befriedigung seines Ehrgeizes geopfert hatte."

Alle Gefühle, gute und schlechte, die eine Masse äußert, haben zwei Eigentümlichkeiten; sie sind sehr einfach und sehr überschwänglich. Wie in so vielen anderen, nähert sich auch in dieser Beziehung der einzelne, der einer Masse angehört, den primitiven Wesen. Die Einseitigkeit und Überschwänglichkeit der Gefühle der Massen bewahren sie vor Zweifel und Ungewissheit. Ein Keim von Abneigung und Missbilligung, den der einzelne kaum beachten würde, wächst beim Einzelwesen der Masse sofort zu wildem Hass. Die Heftigkeit der Gefühle der Massen wird besonders bei den ungleichartigen Massen durch das Fehlen jeder

Verantwortlichkeit noch gesteigert, und das mit ungeheurer Kraft. So erklärt sich die Neigung der Massen zu schlimmen Ausschreitungen.

Wenn die Massen geschickt beeinflusst werden, können sie heldenhaft und opferwillig sein. Sie sind es sogar in viel höherem Maße als der einzelne. Wir werden beim Studium der Massenmoral bald Gelegenheit haben, auf diesen Punkt zurückzukommen. Da die Masse nur durch übermäßige Empfindungen erregt wird, muss der Redner, der sie hinreißen will, starke Ausdrücke gebrauchen. Zu den gewöhnlichen Beweismitteln der Redner in Volksversammlungen gehören Schreien, Beteuern, Wiederholen und niemals darf er den Versuch machen, einen Beweis zu erbringen.

Ich brauche nicht besonders zu betonen, dass der Überschwang der Massen sich nur auf die Gefühle und in keiner Weise auf den Verstand erstreckt. Die Tatsache der bloßen Zugehörigkeit des einzelnen zur Masse bewirkt, wie ich bereits zeigte, eine beträchtliche Senkung der Voraussetzung seines Verstandes.

Die Massen kennen nur einfache und übertriebene Gefühle. Meinungen, Ideen, Glaubenssätze, die man ihnen einflößt, werden daher nur in Bausch und Bogen von ihnen angenommen oder verworfen und als unbedingte Wahrheiten oder ebenso unbedingte Irrtümer betrachtet. Jedermann weiß, wie unduldsam die religiösen Glaubenssätze sind und welche Gewaltherrschaft sie über die

Seelen ausüben. Da die Masse in das, was sie für Wahrheit und Irrtum hält, keinen Zweifel setzt, andererseits ein klares Bewusstsein ihrer Kraft besitzt, so ist sie ebenso eigenmächtig wie unduldsam. Der einzelne kann Widerspruch und Auseinandersetzung anerkennen, die Masse duldet sie niemals. Auch galten niemals ihre Sympathien den gütigen Herren, sondern den Tyrannen, von denen sie kraftvoll beherrscht wurden.

Stets bereit zur Auflehnung gegen die schwache Obrigkeit, beugt sich die Masse knechtisch vor einer starken Herrschaft. Ist die Haltung der Obrigkeit schwankend, so wendet sich die Masse, die stets ihren äußersten Gefühlen folgt, abwechselnd von der Anarchie zur Sklaverei, von der Sklaverei zur Anarchie. Die Massen werden eben zu sehr vom Unbewussten geleitet.

Wenn wir mit dem Begriff Sittlichkeit den Sinn für die Achtung vor gewissen sozialen Gebräuchen und die beständige Unterdrückung eigennütziger Antriebe verbinden, dann liegt es auf der Hand, dass die Massen zu triebhaft und veränderlich sind, um für Sittlichkeit empfänglich zu sein. Wenn wir aber unter dem Begriff der Sittlichkeit das augenblickliche Auftreten gewisser Eigenschaften, wie Entsagung, Ergebenheit, Uneigennützigkeit, Selbstaufopferung, Rechtsgefühl verstehen, so können wir sagen: die Massen sind sehr oft eines sehr hohen Maßes von Sittlichkeit fähig.

Für den einzelnen wäre es zu gefährlich, Triebe zu befriedigen, während ihm sein Untertauchen in einer unverantwortlichen Masse, durch die ihm Straflosigkeit gesichert ist, völlige Freiheit der Triebbefriedigung gewährt. Die Masse, die ein wehrloses Opfer langsam zu Tode quält, gibt den Beweis feiger Grausamkeit; für den Philosophen aber ist sie in hohem Maße mit der Grausamkeit der Jäger verwandt, die dutzendweise zusammenkommen, um mit Vergnügen zu sehen, dass ihre Hunde einem unglücklichen Hirsch den Bauch aufreißen.

Wenn nun die Masse imstande ist, Mordtaten, Brandstiftungen und Verbrechen aller Art zu begehen, so ist sie ebenso zu Taten der Hingabe, Aufopferung und Uneigennützigkeit fähig, sogar in höherem Maße als der einzelne. Wie viele Massen haben sich für Überzeugungen und Ideen, die sie kaum verstanden, heldenhaft hinschlachten lassen!

Frönen die Massen also oft niedrigen Instinkten, so bieten sie manchmal auch wieder Beispiele hochsittlicher Handlungsweise. Wenn Uneigennützigkeit, Entsagung, bedingungslose Hingabe an ein eingebildetes oder wirkliches Ideal sittliche Tugenden sind, dann kann man sagen, dass die Massen diese Tugenden oft in einem so hohen Grade besitzen, wie ihn die weisesten Philosophen selten erreicht haben. Gewiss üben sie diese Tugenden unbewusst aus, aber darauf kommt es nicht an. Hätten die Massen zuweilen nachgedacht und ihren eigenen Vorteil wahrgenommen, dann hätte sich vielleicht keine Kultur auf der Oberfläche unseres Planeten entfaltet, und die Menschheit wäre ohne Geschichte geblieben. Der völlige Mangel an kritischem Geist lässt die Masse Widersprüche nicht sehen.

Man darf nicht glauben, eine Idee könne durch den Beweis ihrer Richtigkeit selbst bei gebildeten Geistern Wirkungen erzielen. Man wird davon überzeugt, wenn man sieht, wie wenig Einfluss die klarste Beweisführung auf die Mehrzahl der Menschen hat. Der unumstößliche Beweis kann von einem geübten Zuhörer angenommen worden sein, aber das Unbewusste in ihm wird ihn schnell zu seinen ursprünglichen Anschauungen zurückführen. Sehen wir ihn nach einigen Tagen wieder, wird er auf das Neue mit genau denselben Worten seine Einwände vorbringen. Er steht tatsächlich unter dem Einfluss früherer Anschauungen, die aus Gefühlen gewachsen sind; und nur sie wirken auf die Motive unserer Worte und Taten.

Man kann nicht mit unbestimmter Bestimmtheit sagen, dass Massen durch Schlussfolgerungen nicht zu beeinflussen wären. Aber die Beweise, die sie anwenden, und die, welche auf sie wirken, scheinen vom Standpunkt der Logik so untergeordneter Art, dass man sie allein mit Hilfe der Analogie als Schlüsse gelten lassen kann.

Wie der Wilde, der glaubt, wenn er das Herz eines tapferen Feindes verzehrt, erwerbe er dessen Tapferkeit; oder wie die des Arbeiters, der von seinem Arbeitgeber ausgebeutet wurde und daraus schließt, dass alle Unternehmer Ausbeuter sind. Verknüpfungen ähnlicher Dinge, wenn sie auch nur oberflächliche Beziehungen zueinander haben, und vorschnelle Verallgemeinerungen von Einzelfällen, das sind die Merkmale der Massenlogik.

Oft staunen wir beim Lesen über die Schwäche gewisser Reden, die ungeheuren Eindruck auf ihre Zuhörer gemacht haben; aber man vergisst, dass sie dazu bestimmt waren, Massen hinzureißen und nicht dazu, von Philosophen gelesen zu werden.

Es ist überflüssig zu bemerken, dass die Unfähigkeit der Massen, richtig zu urteilen, ihnen jede Möglichkeit kritischen Geistes raubt, das heißt, die Fähigkeit, Wahrheit und Irrtum voneinander zu unterscheiden und ein scharfes Urteil abzugeben. Die Urteile, die die Massen annehmen, sind nur aufgedrängte, niemals geprüfte Urteile. Viele einzelne erheben sich in dieser Beziehung nicht über die Masse. Die Leichtigkeit, mit der gewisse Meinungen allgemein werden, hängt vor allem mit der Unfähigkeit der meisten Menschen zusammen, sich auf Grund ihrer besonderen Schlüsse eine eigene Meinung zu bilden.

Die auffallende Einbildungskraft der Massen ist, wie bei allen Wesen, für die logisches Denken nicht in Frage kommt, leicht aufs tiefste zu erregen. Für die Massen, die weder zur Überlegung noch zum logischen Denken fähig sind, gibt es nichts Unwahrscheinliches. Vielmehr, die unwahrscheinlichsten Dinge sind in der Regel die auffallendsten. Der Schein hat in der Geschichte stets eine größere Rolle gespielt als das Sein. Das Unwirkliche hat stets den Vorrang vor dem Wirklichen.

Die Massen können in Bildern denken und lassen sich nur durch Bilder beeinflussen. Nur diese schrecken oder verführen sie und werden zu Ursachen ihrer Taten. Für den römischen Menschen bildeten einst Brot und Spiele das Glücksideal. Dies Ideal hat sich im Laufe der Zeit wenig verändert. Nichts erregt die Fantasie des Volkes so stark wie ein Theaterstück. Man hat schon oft die Geschichte von jenem Volkstheater erzählt, das den Schauspieler, der den Verräter spielt, nach Schluss der Vorstellung schützen musste, um ihn den Angriffen der über seine vermeintlichen Verbrechen empörten Zuschauer zu entziehen. Sie haben eine auffällige Neigung, keinen Unterschied zu machen.

In der Fantasie des Volkes sind die Macht der Eroberer und die Kraft der Staaten begründet. Wenn man auf sie Eindruck macht, reißt man die Massen mit. Alle bedeutenden geschichtlichen Ereignisse, die Entstehung des Buddhismus, des Christentums, des

Islam, der Reformation, der Revolution und in unserer Zeit das drohende Hereinbrechen des Sozialismus sind die unmittelbaren und mittelbaren Folgen starker Eindrücke auf die Fantasie der Massen.

Auch die großen Staatsmänner aller Zeiten und Länder, die unumschränkten Gewaltherrscher einbegriffen, haben die Volksphantasie als Stütze ihrer Macht betrachtet. Niemals haben sie versucht, gegen sie zu regieren. „Ich habe den Krieg in der Vendée beendigt, indem ich katholisch wurde", sagte Napoleon im Staatsrat, „in Ägypten habe ich dadurch Fuß gefasst, dass ich mich zum Mohammedaner machte, und die italienischen Priester gewann ich, indem ich ultramontan (romtreuen politischen Katholizismus) wurde."

Wie macht man Eindruck auf die Fantasie der Massen? Wir werden es gleich sehen. Einstweilen sei nur gesagt, dass dieser Zweck nie durch den Versuch erreicht wird, auf Geist und Vernunft zu wirken.

Hundert kleine Verbrechen oder hundert kleine Unfälle werden auf die Fantasie der Massen oft nicht die geringste Wirkung ausüben; wohl aber wird sie durch ein einziges unerhörtes Verbrechen, ein einziges großes Unglück tief erschüttert, wenn es auch viel weniger blutig ist als die hundert kleinen Unfälle zusammengenommen."

Die große Influenza-Epidemie (1889 – 1895), an der vor mehr als einhundertfünfundzwanzig „Jahren in Paris fünftausend Menschen innerhalb weniger Wochen starben, machte auf die Volksphantasie wenig Eindruck. Freilich wandelte sich diese Hekatombe" – als Hekatombe (altgriechisch ἑκατόμβη *hekatómbê*) bezeichnete man im antiken Griechenland ursprünglich ein Opfer von 100 Rindern, heute wird damit ein enormer Verlust menschlichen Lebens bezeichnet – „im wahrsten Sinne nicht in eigene sichtbare Bilder, sondern nur in die täglichen statistischen Berichte um. Ein Unglücksfall, der statt fünftausend nur fünfhundert Menschenleben kostet, aber an einem einzigen Tage, auf einem öffentlichen Platz, in einem sichtbaren Geschehnis einträte, z.B. der Einsturz des Eifelturms würde einen ungeheuren Eindruck auf die Einbildungskraft gemacht haben. Der mutmaßliche Verlust eines Ozeandampfers, von dem man irrtümlich glaubte, er sei auf hoher See untergegangen, erregte die Massenphantasie acht Tage lang außerordentlich. Die Statistik zeigt nun aber, dass in demselben Jahr tausend große Schiffe Schiffbruch erlitten. Aber um diese allmählichen Verluste, die auf andere Art recht erhebliche Opfer an Menschenleben und Handelswerten forderten, kümmerten sich die Massen keinen Augenblick.

Also nicht die Tatsachen als solche erregen die Volksphantasie, sondern die Art und Weise, wie sie sich vollzieht. Sie müssen durch

Verdichtung – wenn ich so sagen darf – ein packendes Bild hervorbringen, das den Geist erfüllt und ergreift. Die Kunst, die Einbildungskraft der Massen zu erregen, ist die Kunst, sie zu regieren.

Wir haben gesehen, dass die Massen nicht überlegen, dass sie Ideen in Bausch und Bogen annehmen oder verwerfen, weder Auseinandersetzung noch Widerspruch dulden, und dass die Einflüsse, die auf sie wirken, den Bereich ihrer Vernunft gänzlich erfüllen und danach streben, sich sogleich in die Tat umzusetzen. Wir haben gezeigt, dass die entsprechend beeinflussten Massen bereit sind, sich für das Ideal zu opfern, dass man ihnen suggeriert hat. Wir haben schließlich festgestellt, dass sie nur heftige und extreme Gefühle kennen. Die Zuneigung wird bei ihnen schnell zur Anbetung, und kaum geborene Abneigung wandelt sich in Haß. Diese allgemeinen Merkmale lassen uns die Art ihrer Überzeugungen ahnen.

Die nähere Untersuchung der Überzeugungen der Masse, sowohl in den Zeiten des Glaubens, als in den großen politischen Erhebungen, wie etwa im vorvorigen Jahrhundert, ergibt, dass diese Überzeugungen stets eine besondere Form aufweisen, die ich nicht besser zu bezeichnen weiß als mit dem Namen religiösen Gefühls.

Dies Gefühl besitzt sehr einfache Kennzeichen: Anbetung eines vermeintlichen höheren Wesens, Furcht vor der Gewalt, die ihm zugeschrieben wird, blinde Unterwerfung unter seine Befehle, Unfähigkeit, seine Glaubenslehren zu untersuchen, die Bestrebung, sie zu verbreiten, die Neigung, alle als Feinde zu betrachten, die sie nicht annehmen.[2]

Mit dem religiösen Gefühl sind gewöhnlich Unduldsamkeit und Fanatismus verbunden. Sie sind unausbleiblich bei allen, die das Geheimnis des irdischen und himmlischen Glückes zu besitzen glauben.

Die Überzeugungen der Massen nehmen die Eigenschaften der blinden Unterwerfung, der grausamen Unduldsamkeit und des Bedürfnisses nach Verbreitung an, die mit dem religiösen Gefühl verbunden sind, sodass man also sagen kann, alle ihre Überzeugungen haben eine religiöse Form. Der Held, dem die Masse zujubelt, ist in der Tat ein Gott für sie. Napoleon war es fünfzehn Jahre lang, und keine Gottheit hat eifrigere Anbeter gehabt; auch sandte keine die Menschen leichter in den Tod. Die Heiden- und Christengötter übten niemals eine vollkommenere Herrschaft über die Seelen aus.

Alle Stifter religiöser und politischer Glaubensbekenntnisse haben sie nur dadurch begründet, dass sie es verstanden, den Massen jene Gefühle des religiösen Fanatismus einzuflößen, die

---

[2] Anmerkung des Buchautors: siehe Islam.

bewirken, dass der Mensch sein Glück in der Anbetung findet, und ihn dazu treiben, sein Leben für sein Idol zu opfern. So war es zu allen Zeiten. Sie gehorchten aber nur, weil der Kaiser, der die Größe Roms verkörperte, einmütig als Gott verehrt wurde. Im ewigen Kampf mit der Vernunft wurde das Gefühl nie besiegt.

Auch ist es eine überflüssige Banalität, zu wiederholen, die Massen bedürften einer Religion. Denn alle politischen, religiösen und sozialen Glaubenslehren finden bei ihnen nur Aufnahme unter der Bedingung, dass sie eine religiöse Form angenommen haben, die sie jeder Auseinandersetzung entzieht.

Nicht die Könige haben die Bartholomäusnacht, die Religionskriege verursacht, und nicht Robespierre, Danton oder Saint-Just waren die Urheber der Schreckenstage. Hinter solchen Ereignissen findet man immer wieder die Seele der Massen.

Als ein Antrieb ersten Ranges ist die Rasse zu betrachten, denn sie ist allein schon viel bedeutender als alle übrigen. Ich als Autor habe sie in einer anderen Schrift genügend untersucht und brauche hier nicht ausführlich darauf zurückkommen. Ich zeigte in jener Schrift, was eine geschichtliche Masse ist und dass, wenn sich ihre Charaktermerkmale gebildet haben, ihre Glaubenslehren, ihre Einrichtungen, ihre Kunst, kurz, alle ihre Kulturelemente den äußeren Ausdruck ihrer Seele bilden. Die Kraft der Rasse ist so groß, dass kein Element von einem Volk zum anderen übergehen könnte, ohne die tiefgehenden Umwandlungen zu erfahren. Die Umgebung, die Umstände, die Ereignisse spiegeln die augenblicklichen sozialen Einflüsse wider. Sie können von bedeutender Wirkung sein, aber dieser Einfluss ist stets nur ein augenblicklicher, wenn er im Gegensatz zu den Rasseneinflüssen, d.h. zu der vollständigen Ahnenreihe steht.

Wir werden noch in mehreren Passagen der vorliegenden Arbeit Gelegenheit haben, auf den Einfluss der Rasse zurückzukommen und zu zeigen, dass er stark genug ist, die Sondermerkmale der Massenseele zu beherrschen. Daraus ergibt sich der Umstand, dass die Massen der verschiedenen Länder in ihrem Glauben und Verhalten sehr beträchtliche Unterschiede aufweisen und nicht auf die gleiche Weise zu beeinflussen sind.

Die Überlieferung umfasst die Ideen, Bedürfnisse und Gefühle der Vorzeit. Sie bilden die Einheit der Rasse und lasten mit ihrem ganzen Gewicht auf uns.

Ein Volk ist ein Organismus, der durch die Vergangenheit geschaffen wurde. Wie alle Organismen kann er sich nur durch langsame Anhäufung von Erbmasse verändern. Die wahren Führer der Völker sind die Überlieferungen. Ohne Volksseele ist keine Kultur möglich. So bestanden denn auch die beiden großen Aufgaben des Menschen, seit er auf der Welt ist, in der Schaffung eines Netzes von Überlieferungen und in ihrer Zerstörung nach

Verbrauch ihrer nützlichen Wirkung. Keine Kultur ohne beharrende Überlieferungen, ohne ihre langsame Ausschaltung kein Fortschritt. Die Schwierigkeit besteht darin, das richtige Gleichgewicht zwischen Beharrung und Veränderlichkeit zu finden. Diese Schwierigkeit ist ungeheuer. Hat ein Volk durch viele Geschlechter seine Gewohnheiten zu sehr erstarren lassen, so kann es sich nicht mehr ändern und wird, wie einst China, unfähig zur Vervollkommnung. Selbst gewaltsame Veränderungen bleiben wirkungslos, denn dann werden entweder die zerrissenen Glieder der Kette wieder zusammengeschweißt, und die Vergangenheit nimmt ihre Herrschaft unverändert wieder auf, oder die Bruchstücke bleiben getrennt und dann folgt der Anarchie bald die Entartung.

Es ist also die Aufgabe eines Volkes, die Einrichtungen der Vergangenheit zu bewahren, indem es sie nur nach und nach verändert. Die Römer im Altertum und die Engländer in der Neuzeit sind fast die einzigen, die sie verwirklicht haben. Kein Beispiel könnte besser die Macht der Gewohnheit über die Massenseele zeigen.

Einer der wirksamsten Faktoren in den gesellschaftlichen wie in den sozialen Fragen ist die Zeit. Sie ist der wahre Schöpfer und der große Zerstörer. Sie hat die Berge aus Sandkörnern aufgebaut und die winzige Zelle der geologischen Urzeit zur menschlichen Würde erhoben. Die Einwirkung der Jahrhunderte genügt, um jede beliebige Erscheinung umzuformen. Mit Recht sagt man, dass eine Ameise, die Zeit genug hätte, den Montblanc abtragen könnte. Ein Wesen, das die magische Gewalt besäße, die Zeit nach Belieben zu verändern, hätte die Macht, die von den Gläubigen ihren Göttern zugeschrieben wird. Die Zeit bereitet die Meinungen und Glaubensbekenntnisse der Massen vor, d.h. den Boden, auf dem sie keimen.

Gewisse Länder mit demokratischen Einrichtungen, wie die Vereinigten Staaten, blühen wunderbar auf, während andere, wie die spanischamerikanischen Republiken, trotz durchaus ähnlicher Einrichtungen, in der traurigsten Anarchie dahinleben. Diese Einrichtungen haben ebenso wenig mit der Größe der einen, wie mit dem Niedergang der anderen zu tun. Die Völker werden immer von ihrem Charakter beherrscht, und alle Einrichtungen, die sich diesem Charakter nicht innig anschmiegen, sind nichts als ein ausgeliehenes Gewand, eine vorübergehende Verkleidung. Gewiss hat es blutige Kriege und gewaltige Revolutionen gegeben, um Einrichtungen einzuführen, denen man wie den Reliquien der Heiligen die übernatürliche Macht zuschreibt, das Glück hervorzuzaubern. In gewissem Sinne könnte man sagen: Einrichtungen wirken auf die Massenseele, da sie solche Erhebungen verursachen. In Wahrheit sind es nicht die Einrichtungen, die so wirken, denn wir wissen, dass sie siegend oder besiegt, an sich keinerlei Wert besitzen. Wenn wir ihren Siegeszug verfolgen, verfolgen wir nur Täuschungen.

Urteil, Erfahrung, Tatkraft und Charakter sind die Bedingungen des Erfolges im Leben, sie sind nicht aus Büchern zu lernen. Bücher sind nützliche Nachschlagewerke, aber es ist durchaus unnütz, lange Teilstücke daraus im Kopf aufzuspeichern. Es gibt kleine Sonderwahrnehmungen der Augen, des Ohres, der Hände und sogar des Geruchs, die unwillkürlich empfangen und unbewusst verarbeitet werden und sich in ihm ordnen, so dass sie ihm früher oder später die und die neue Verbindung, Vereinfachung, Ersparnis, Vervollkommnung oder Erfindung eingeben.

Wir wissen bereits, was auf die Einbildungskraft der Massen Eindruck macht, kennen die Macht der Übertragung von Beeinflussungen, besonders jenen, die in bildhafter Form auftreten. Beim Studium der Einbildungskraft der Massen findet man, dass sie namentlich durch Bilder erregt wird. Diese Bilder stehen einem nicht immer zu Verfügung, aber man kann sie durch geschickte Anwendung von Worten und Redewendungen hervorrufen. Die Macht der Worte ist mit Bildern verbunden, die sie hervorrufen, und völlig unabhängig von ihrer wahren Bedeutung. Worte, deren Sinn schwer zu erklären ist, sind oft am wirkungsvollsten.

Mit Vernunft und Beweisgründen kann man gewisse Worte und Redewendungen nicht bekämpfen. Man spricht sie mit Andacht vor den Massen aus, und sogleich werden die Mienen ehrfurchtsvoll, und die Köpfe neigen sich. Viele sehen in ihnen Naturkräfte oder übernatürliche Mächte. Sie rufen in den Seelen großartige und unbestimmte Bilder hervor, aber eben das Unbestimmte, das sie verwischt, vermehrt ihre geheimnisvolle Macht. Sie lassen sich mit jenen furchtbaren Gottheiten vergleichen, die hinter den Allerheiligsten verborgen sind und denen der Andächtige nur mit Zittern naht.

Da die Bilder, die durch die Worte hervorgerufen werden, unabhängig sind von ihrem Sinn, so wandeln sie sich von Zeitalter zu Zeitalter, von Volk zu Volk, während die Formeln dafür die gleichen bleiben. Mit bestimmten Worten verbinden sich zeitweilig bestimmte Bilder: das Wort ist nur der Klingelknopf, der sie hervorruft. Eine schwierige Kunst, denn in derselben Gesellschaft haben die gleichen Worte für die verschiedenen sozialen Schichten oft ganz verschiedene Bedeutung. Sie gebrauchen anscheinend dieselben Worte, sprechen aber nicht dieselbe Sprache.

„Wenn man alle Kunstwerke und Denkmäler in den Museen und Bibliotheken, die dem Einfluss der Religion ihr Dasein verdanken, zerstören und auf den Steinen ihrer Vorhöfe zertrümmern könnte, was bliebe von den großen Träumen der Menschheit übrig?", eine Meinung die die Summe unseres Wissens zieht. „Die Daseinsberechtigung der Götter, Helden und Dichter besteht darin, den Menschen ihren Anteil an Hoffnungen und Täuschungen zu geben, ohne die sie nicht leben können. Eine Zeitlang schien die Wissenschaft diese Aufgabe zu übernehmen. Sie hat sich aber bei den idealhungrigen Gemütern um ihr Ansehen gebracht, weil sie nicht mehr genug zu versprechen wagt, und nicht genug zu lügen weiß."

Die Erfahrung ist so ziemlich das einzige wirksame Mittel, um der Menschenseele eine Wahrheit fest einzupflanzen und zu gefährlich gewordene Täuschungen zu zerstören. Dazu muss die Erfahrung auf einer breiten Grundlage ruhen und oft wiederholt werden. Die von einer Generation gesammelten Erfahrungen sind im Allgemeinen für die folgende nutzlos, darum hat es keinen Zweck, geschichtliche Ereignisse als Beweise anzuführen. Ich spreche aus Erfahrung, wenn ich sage: Ihr einziger Nutzen ist, dass sie zeigt, in welchem Maße die Erfahrungen in jedem Zeitalter wiederholt werden müssen, um irgendwelchen Einfluss zu gewinnen und den Erfolg zu haben, auch nur einen Irrtum, der mit der Massenseele verwachsen ist, auszurotten.

Wir haben bereits festgestellt, dass die Massen durch logische Beweise nicht zu beeinflussen sind und nur grobe Ideenverbindungen begreifen. Daher wenden sich auch die Redner, die Eindruck auf sie zu machen verstehen, an ihr Gefühl und niemals an ihre Vernunft. Die Gesetze der Logik haben keinerlei Einfluss auf sie. Man mache z.B. den Versuch, primitive Wesen, Wilde oder Kinder, durch ein logisches Urteil zu überzeugen, und man wird einsehen, wie wenig Wirkung diese Beweisführung hat.

Man braucht noch nicht einmal bis zu den primitiven Wesen hinabzusteigen, um die völlige Ohnmacht der Logik im Kampf gegen Gefühle festzustellen. Erinnern wir uns nur daran, wie hartnäckig sich viele Jahrhunderte hindurch die religiösen Vorurteile gehalten haben, die der einfachsten Logik widersprechen. Fast zweitausend Jahre lang beugten sich die aufgeklärtesten Geister unter ihre Gesetze, und erst in der modernen Zeit war es überhaupt möglich, ihre Wahrheiten anzuzweifeln.

Sobald eine gewisse Anzahl lebender Wesen vereinigt ist, einerlei, ob eine Herde Tiere oder eine Menschenmenge, unterstellen sie sich unwillkürlich einem Oberhaupt, d.h. einem Führer. In den menschlichen Massen spielt der Führer eine hervorragende Rolle. Sein Wille ist der Kern, um den sich die Anschauungen bilden und ausgleichen. Die Masse ist eine Herde, die sich ohne Hirten nicht zu helfen weiß. Sehr oft war der Führer zuerst ein Geführter, der selbst von der Idee hypnotisiert war, deren Apostel er später wurde. Sie hat ihn so erfüllt, dass neben ihr alles verschwand und dass ihm nun jede gegenteilige Anschauung als Irrtum und Aberglaube erscheint. So z.B. Robespierre, der von seinen wunderlichen Ideen so hypnotisiert war, dass er sich zu ihrer Verbreitung der Mittel der Inquisition bediente.

Meist sind die Führer keine Denker, sondern Männer der Tat. Sie haben wenig Scharfblick und können auch nicht anders sein, da der Scharfblick im Allgemeinen zu Zweifel und Untätigkeit führt. Man findet sie namentlich unter den Nervösen, Reizbaren, Halbverrückten, die sich an der Grenze des Irrsinns befinden. So abgeschmackt auch die verfochtene Idee oder das verfolgte Ziel sein mag, gegen ihre Überzeugung wird alle Logik zunichte. Verachtung und Verfolgung stört sie nicht und erregt sie nur noch mehr. Persönliches Interesse, Familie, alles wird geopfert. Sogar der Selbsterhaltungstrieb ist bei ihnen ausgeschaltet, und zwar in solchem Maß, dass die einzige Belohnung, die sie oft anstreben, das Martyrium ist (siehe Islam). Die Stärke ihres Glaubens verleiht ihren Worten eine große suggestive Macht. Die Menge hört immer auf den Menschen, der über einen starken Willen verfügt. Die in der Masse vereinigten Einzelnen verlieren allen Willen und wenden sich instinktiv dem zu, der ihn besitzt.

Glauben erwecken, sei es religiöser, politischer oder sozialer Glaube, Glaube an eine Person oder an eine Idee, das ist die besondere Rolle des großen Führers. Von allen Kräften, die der Menschheit zur Verfügung stehen, war der Glaube stets eine der bedeutendsten, und mit Recht schreibt ihm das Evangelium die Macht zu, Berge zu versetzen.

Die Führer benutzen hauptsächlich drei bestimmte Verfahrensarten: die Behauptung, die Wiederholung und die Übertragung oder Ansteckung. Ihre Wirkung ist ziemlich langsam, aber ihre Erfolge sind von Dauer. Die reine, einfache Behauptung ohne Begründung und jeden Beweis ist ein schieres Mittel, um der Massenseele eine Idee einzuflößen. Je bestimmter eine Behauptung, je freier sie von Beweisen und Belegen ist, desto mehr Ehrfurcht erweckt sie. Die religiösen Schriften und die Gesetzbücher aller Zeiten haben sich stets einfacher Behauptungen bedient. Die Behauptung hat aber nur dann wirklichen Einfluss, wenn sie ständig wiederholt wird, und zwar möglichst mit denselben Ausdrücken. Napoleon sagte, es gebe nur eine einzige ernsthafte Redefigur: die Wiederholung. Das Wiederholte befestigt sich so sehr in den Köpfen, dass es schließlich als eine bewiesene Wahrheit angenommen wird.

Man versteht den Einfluss der Wiederholung auf die Massen gut, wenn man sieht, welche Macht sie über die aufgeklärtesten Köpfe hat. Haben wir hundertmal gelesen, die beste Schokolade sei die Schokolade X, so bilden wir uns ein, wir hätten es häufig gehört und glauben schließlich, es sei wirklich so.

Wie die Tiere ist der Mensch von Natur ein nachahmendes Wesen. Nachahmung ist ihm ein Bedürfnis, doch wohlgemerkt nur unter der Bedingung, dass sie leicht ist; aus diesem Bedürfnis wird die Macht der Mode geboren. Die Masse ahmt unbewusst nach.

Die vereinigte Wirkung von Vergangenheit und gegenseitiger Nachahmung macht alle Menschen desselben Landes und desselben Zeitalters schließlich so ähnlich, dass selbst bei denen, deren besondere Pflicht es doch wäre, sich ihr zu entziehen, bei Philosophen, Gelehrten, Schriftstellern, Gedanken und Stil eine Familienähnlichkeit zeigen, die sofort die Zeit, der sie angehören, erkennen lässt. Eine kurze Unterhaltung mit irgendeinem Menschen genügt, um seinen Lesestoff, seine regelmäßige Beschäftigung und die Umgebung, in der er lebt, von Grund auf erkennen zu lassen.

Die Ansteckung ist stark genug, den Menschen nicht nur gewisse Meinungen, sondern auch bestimmte Arten des Fühlens aufzuzwingen. Sie bewirkt die Missachtung von Werken wie z.B. der Oper „Tannhäuser" und macht einige Jahre später aus ihren ärgsten Verleumdern Bewunderer. Überzeugung und Glaube der Massen verbreiten sich nur durch den Vorgang der Übertragung, niemals mit Hilfe von Vernunftgründen.

In Beispielen, analog den angeführten, geht die Übertragung, wenn sie sich in den Volksschichten ausgewirkt hat, in die höheren Gesellschaftsschichten über. Heutzutage sehen wir, dass die sozialistischen Lehren anfangen, auch die zu ergreifen, die vermutlich ihre ersten Opfer sein werden. Vor der mechanischen Ansteckung tritt sogar der persönliche Vorteil zurück.

Daher zwingt sich jede volkstümlich gewordene Anschauung schließlich immer auch den höchsten sozialen Schichten auf, so offensichtlich auch die Unsinnigkeit der siegreichen Anschauung sein mag. Diese Wirkung der unteren sozialen Schichten auf die Oberklasse ist umso merkwürdiger, als die Glaubensanschauungen der Masse mehr oder weniger immer von einer höheren Idee herrührt, die in der Umgebung, in der sie geboren wurde, häufig ohne Wirkung blieb. Die Führer, die von dieser höheren Idee ergriffen wurden, bemächtigen sich ihrer, entstellen sie und gründen eine Sekte, die sie aufs Neue entstellt und so entstellt unter die Massen verbreitet. Ist sie einmal eine volkstümliche Meinung geworden, so geht sie auf irgendeine Weise zu ihrer Quelle zurück und wirkt dann auf die Oberklasse eines Volkes. Wohl führt letzten Endes die Intelligenz der Welt, aber sie führt sie wahrlich von Weitem. Die Schöpfer der Ideen sind längst wieder zu Staub geworden, wenn, als Ergebnis der Vorgänge", die beschrieben wurden, „ihr Gedanke schließlich triumphiert.

Eine große Macht verleiht den Ideen, die durch Behauptungen, Wiederholungen und Übertragung verbreitet wurden, zuletzt eine geheimnisvolle Gewalt, die Nimbus heißt. Der Nimbus verträgt sich mit gewissen Gefühlen wie Bewunderung oder Furcht, er beruht sogar auf ihnen, kann aber sehr wohl ohne sie bestehen. Der Nimbus ist in Wahrheit eine Art Zauber, den eine Persönlichkeit, ein Werk oder eine Idee auf uns ausübt. Diese Bezauberung lähmt alle unsere kritischen Fähigkeiten und erfüllt unsere Seelen mit Staunen und Ehrfurcht.

Der erworbene oder künstliche Nimbus ist am weitesten verbreitet. Die bloße Tatsache, dass jemand eine gewisse Stellung einnimmt, ein gewisses Vermögen besitzt, gewisse Titel hat, bildet einen Glorienschein des Einflusses, so gering auch sein persönlicher Wert sein mag. Ein Soldat in Uniform, ein Beamter in der roten Robe haben immer einen Nimbus.

Der Nimbus verschwindet immer im Augenblick des Misserfolges. Der Held, dem die Masse gestern zujubelte, wird morgen von ihr angespien, wenn das Schicksal ihn schlug. Je größer der Nimbus, umso heftiger der Rückschlag. Die Masse betrachtet dann den gefallenen Helden als ihresgleichen und rächt sich dafür, dass sie sich einer Überlegenheit gebeugt hat, die sie nicht mehr anerkennt. Wer von der Masse bewundert sein will, muss sie stets in Abstand halten.

Eine flüchtige Meinung haftet leicht in der Massenseele, aber einen festen Glauben in ihr zu verankern, ist sehr schwer, ebenso schwer aber ist er wieder zu zerstören, wenn er sich einmal festgesetzt hat. Man kann ihn wohl nur um den Preis gewaltsamer Revolutionen ändern und nur, wenn der Glaube seine Herrschaft über die Seelen fast ganz eingebüßt hat. Die Revolutionen helfen dann dabei, die Grundanschauung endgültig abzuwerfen, die man schon fast aufgegeben hatte, deren gänzliche Aufhebung aber durch die Macht der Gewohnheit verhindert wurde. Beginnende Revolutionen sind in Wahrheit schwindende Grundanschauungen. Eine große Grundanschauung wird an dem Tage zum Tode verurteilt, an dem man anfängt, ihren Wert zu bestreiten. Da jede allgemeine Grundanschauung nur eine Einbildung ist, so kann sie nur bestehen, solange sie der Prüfung entgeht.

Aber selbst, wenn eine Grundanschauung stark erschüttert ist, bewahren die Institutionen, die von ihr abgeleitet sind, ihre Macht und erlöschen nur langsam. Hat sie schließlich ihre Macht völlig eingebüßt, dann bricht alles zusammen, was von ihr getragen wurde. Es war noch keinem Volk vergönnt, seine Grundanschauungen zu ändern, ohne gleichzeitig dazu verurteilt zu sein, alle Bestandteile seiner Kultur umzuwandeln.

Es wandelt sie so lange um, bis es eine neue allgemeine Grundanschauung angenommen hat und lebt bis dahin notgedrungen in Anarchie. Die allgemeinen Grundanschauungen sind die notwendigen Stützen der Kulturen. Sie geben den Ideen ihre Richtung, und sie allein erwecken das Gewissen und erschaffen das Pflichtgefühl.

Die Völker haben es stets als nützlich empfunden, sich allgemeine Glaubensanschauungen zu bilden und instinktiv erfasst, dass ihr Schwinden die Stunde des Niedergangs anzeigen würde. Der fanatische Kultus Rom war für die Römer der Glaube, der sie zu Herren der Welt machte. Dieser Glaube starb, und Rom ging zugrunde. Erst als die Barbaren, die Zerstörer der römischen Kultur, einige einheitlichen Glaubensanschauungen gewonnen hatten, erreichten sie einen gewissen Zusammenhalt und konnten die Anarchie überwinden.

Nehmen wir einmal einen kurzen Zeitabschnitt unserer eigenen Geschichte, etwa von 1790 bis 1820, also dreißig Jahre, die Dauer eines damaligen Menschenalters. Wir sehen innerhalb dieser Zeit, wie die Massen, die erst monarchistisch sind, revolutionär dann imperialistisch werden. Ein Mann, der ein Imperium innehatte, hatte fast absolute Macht innerhalb des Zuständigkeitsbereichs seines Amtes, konnte aber per Veto oder Mehrheitsbeschluss durch den oder die Inhaber eines höher- oder gleichgestellten Imperiums überstimmt werden und schließlich wieder monarchistisch werden. In der Religion wenden sie sich in der gleichen Zeit vom Katholizismus zum Atheismus, dann zum Deismus und kehren zu den strengsten Formen des Katholizismus zurück. Und nicht allein die Massen, auch die Führer sind denselben Veränderungen unterworfen. Man sieht die großen Konventsmitglieder, geschworene Feinde der Könige, die von Gott und Teufel nichts wissen wollen, ergebene Diener Napoleons werden und unter Ludwig XVIII bei den Prozessionen fromm ihre Kerzen tragen.

Heutzutage haben die Schriftsteller allen Einfluss eingebüßt, und die Zeitungen spiegeln nur die öffentliche Meinung wider. Und was die Staatsmänner anbelangt, so denken sie nicht daran, sie zu lenken, sondern suchen ihr nur zu folgen. Ihre Furcht vor der öffentlichen Meinung ist fast schon Schrecken und raubt ihrer Haltung jede Festigkeit.

Die Meinung der Massen zeigt also das Bestreben, immer mehr zum entscheidenden Lenker der Politik zu werden. Sie bringt es heute schon fertig, Bündnisse vorzuschreiben, wie wir es bei dem russischen Bündnis sahen, das fast ausschließlich aus einer Volksbewegung hervorging.

Die Presse, die einstige Leiterin der öffentlichen Meinung, hat wie die Regierungen gleichfalls der Macht der Massen weichen müssen. Gewiss besitzt sie noch eine bedeutende Macht, aber doch nur, weil sie lediglich die Widerspiegelung der öffentlichen Meinung und ihrer unaufhörlichen Schwankungen ist. Sie ist zum einfachen Informationsmittel geworden und hat darauf verzichtet, irgendwelche Lehren und Ideen zu verbreiten. Sie geht allen

Veränderungen des öffentlichen Geistes nach, die Maßnahmen der Konkurrenz ihre Leser zu verlieren. Das Aushorchen der Meinung ist heute die Hauptsorge der Presse und der Regierungen. Man kann es erleben, dass sie dass, was sie gestern bejubelten, heute mit dem Bannfluch belegen.

Das Endergebnis dieses gänzlichen Mangels an Meinungsrichtungen und der gleichzeitigen Auflösung der Grundüberzeugung ist die völlige Zerbröckelung aller Anschauungen und die wachsende Gleichgültigkeit der Massen wie der einzelnen gegen alles, was ihren unmittelbaren Vorteil nicht greifbar berührt. Wissenschaftliche Lehren, wie der Sozialismus, haben wirklich überzeugte Anhänger nur in den ungebildeten Schichten, z.B. unter Berg- und Fabrikarbeitern. Der Kleinbürger, der halbgebildete Handwerker, ist zu misstrauisch geworden.[3]

Besonders hervorragend ist die geringe Urteilsfähigkeit, dann der Mangel an kritischem Denken, die Erregbarkeit, Leichtgläubigkeit und Einfalt der Masse. Auch entdeckt man in ihren Entscheidungen den Einfluss der Führer und die Wirkung der bereits angeführten Triebkräfte: Behauptung, Wiederholung, Nimbus und Übertragung.

Als erste Eigenschaft muss ein politischer Bewerber einen Nimbus haben. Persönlicher Nimbus kann nur durch Reichtum

---

[3] Der Leser wird darauf hingewiesen, dass Le Bon zwischen 1841 und 1931 lebte.

ersetzt werden. Talent und selbst Genie sind keine Vorbedingungen für den Erfolg. Aber der Besitz des Nimbus genügt für den Bewerber nicht zur Sicherung des Erfolges. Der Wähler hält darauf, dass man seinen Begierden und Eitelkeiten schmeichelt. Vor Arbeitern kann man ihre Arbeitgeber nicht genug beleidigen und schmähen. Der Wähler kümmert sich später tatsächlich nie darum, ob der Gewählte sein Glaubensbekenntnis, dem man begeistert zustimmte und das angeblich die Voraussetzung für das Zustandekommen der Wahl war, auch wirklich befolgt hat. Ausdrücke wie: der verderbliche Kapitalismus, die gemeinen Ausbeuter, der bewundernswerte Arbeiter, die Sozialisierung der Besitztümer u.a. rufen stets die gleiche, schon etwas verbrauchte Wirkung hervor. Diese Worte veranlassen Redner und Zuhörer zu schimpfen, sie geraten ins Handgemenge; Stühle, Bänke, Tische spielen ihre Rolle usw. usw. Man glaube ja nicht, diese Art der Auseinandersetzung sei nur einer bestimmten Art von Wählern eigen und abhängig von ihrer gesellschaftlichen Stellung. In jeder beliebigen Versammlung, und bestünde sie auch nur aus akademisch Gebildeten, nimmt die Auseinandersetzung leicht dieselben Formen an. Die Massen haben nur eingeflößte, nie vernünftige Meinungen. Man erwirbt durch die Kenntnis des Griechischen oder der Mathematik, dadurch, dass man Architekt, Tierarzt, Arzt oder Advokat ist, keine besondere Einsicht in Fragen des Gefühls.

Die Völker werden vor allem durch die Rassenseele geleitet, d.h. durch die Ansammlung von Erbmassen, deren Summe diese Seele bildet. Die Rasse und das Getriebe der täglichen Bedürfnisse: das sind die geheimnisvollen Mächte, die unsere Geschicke lenken.

Die parlamentarische Regierung fasst übrigens das Ideal aller modernen Kulturvölker in sich zusammen. Es bringt den psychologisch falschen, aber allgemein anerkannten Gedanken zum Ausdruck, dass eine Vereinigung von vielen Menschen im gegebenen Falle fähiger ist, eine kluge und unabhängige Entscheidung zu treffen, als eine kleine Anzahl.

In den Parlamentsversammlungen finden sich die Grundmerkmale der Massen wieder: Einseitigkeit der Ideen, Erregbarkeit, Beeinflussbarkeit, Überschwänglichkeit der Gefühle, überwiegender Einfluss der Führer. Aber infolge ihrer besonderen Zusammensetzung weisen die parlamentarischen Massen einige Unterschiede auf. Die vorangegangene Beeinflussung durch Wähler hat solches Übergewicht, dass alle anderen Einflüsse aufgehoben sind und eine unbedingte Festigkeit der Meinung aufrechterhalten wird.

Da aber im Grunde die allgemeinen Fragen die meisten sind, so herrscht Unentschiedenheit vor, die durch die ständige Furcht vor dem Wähler genährt wird, dessen verborgener Einfluss dem der Führer stets das Gegengewicht zu halten weiß. Die Menschen, die in den Massen vereinigt sind, würden ohne Führer nicht fertig werden, und so zeigen die Abstimmungen im Allgemeinen nur die Anschauungen einer kleinen Minderheit. Ich wiederhole: die Führer wirken nur sehr wenig durch ihre Beweisgründe, sehr stark aber durch ihren Nimbus. Selten schreitet ein Führer der öffentlichen Meinung voran, fast immer begnügt er sich damit, ihre Irrtümer anzunehmen.

Die Überredungsmittel der Führer sind, abgesehen von ihrem Nimbus, die Faktoren, die wir schon wiederholt aufgezählt haben. Um sie geschickt zu handhaben, muss der Führer, wenigstens unbewusst, die Psychologie der Massen erfasst haben und wissen, wie man zu ihnen zu sprechen hat. Vor allem muss er den bezaubernden Einfluss der Worte, Redewendungen und Bilder kennen. Er muss eine besondere Beredsamkeit besitzen, die aus energischen Behauptungen, die nicht zu beweisen sind, und eindrucksvollen, von ganz allgemeinen Urteilen umrahmten Bildern zusammengesetzt ist. Diese Art Beredsamkeit findet man in allen Versammlungen, das englische Parlament, das ausgeglichenste von allen, inbegriffen.

Die Führer neigen alle dazu, in die unwahrscheinlichsten Übertreibungen zu verfallen. Der Redner, von dem ich soeben einen Satz anführte, konnte ohne großen Protest hervorzurufen, behaupten, dass die Bankiers und Priester Bombenwerfer bezahlen, und die Verwaltungsräte der großen Finanzgesellschaften die gleiche Strafe verdienten wie die Anarchisten. Auf die Masse wirken solche Mittel immer. Die Behauptung ist nie so stark, der Ton nie zu drohend. Nichts schüchtert die Zuhörer mehr ein. Durch Widerspruch fürchten sie für Verräter oder Mitschuldige zu gelten.

Diese besondere Beredsamkeit hat, wie gesagt, stets alle Versammlungen beherrscht, in kritischen Zeiten ist sie nur ausgeprägter. In dieser Hinsicht ist es interessant, die Reden der großen Revolutionsredner zu lesen. Sie fühlten sich verpflichtet, sich alle Augenblicke zu unterbrechen, um das Verbrechen zu verdammen und die Tugend zu preisen; dann brachen sie in Verwünschungen gegen die Tyrannen aus und schwuren, frei leben oder sterben zu wollen. Die Anwesenden erhoben sich, klatschten stürmisch Beifall und ließen sich dann beruhigt wieder nieder.

Zuweilen gibt es einen intelligenten und gebildeten Führer, doch das schadet ihm in der Regel mehr als es ihm nützt. Die Intelligenz, die die Verbundenheit aller Dinge erkennt, die Verstehen und Erklären ermöglicht, macht nachgiebig und vermindert die Kraft und Gewalt der Überzeugungen erheblich, die die Apostel nötig haben. Die großen Führer aller Zeiten waren sehr beschränkt und haben deshalb den größten Einfluss ausgeübt."

Der einzelne hört auf, er selbst zu sein, und wird für Maßnahmen stimmen, die seinem persönlichen Vorteil ganz entgegengesetzt sind.

„Trotz aller Schwierigkeiten ihrer Arbeitsweise bilden die Parlamentsversammlungen die beste Regierungsform, die die Völker bisher gefunden haben, um sich vor allem möglichst aus dem Joch persönlicher Tyrannei zu befreien. Sie sind jedenfalls das Ideal einer Regierung, wenigstens für Philosophen, Denker, Schriftsteller, Künstler und Gelehrte, kurz für alle, die den Gipfel einer Kultur bilden.

Sie bergen eigentlich nur zwei ernstliche Gefahren in sich: die übermäßige Verschwendung der Finanzen und die zunehmende Beschränkung der persönlichen Freiheit. Die erste Gefahr ist die notwendige Folge der Ansprüche und der Kurzsichtigkeit der Wählermassen. Wenn ein Parlamentsmitglied einen Antrag stellt, der offensichtlichen demokratischen Anschauungen entspricht, z.B. auf Altersversorgung aller Arbeiter oder Gehaltszulage für Bahnwärter, Lehrer usw., so wagen die anderen Abgeordneten aus Furcht vor den Wählern nicht, sich den Anschein zu geben, als ob sie deren Vorteile durch Ablehnung der vorgeschlagenen Maßnahme geringschätzen. Während die Folgen der Ausgabenvermehrung in weiter Ferne liegen und für sie keine unangenehmen Wirkungen haben, können sich die Folgen einer ablehnenden Abstimmung schon am nächsten Tage, wenn sie vor die Wähler treten müssen, bemerkbar machen.

Die immer mehr zunehmende Freiheitsbeschränkung zeigt sich in allen Ländern in einer besonderen Weise: Die Schaffung jeder unzähligen gesetzlichen Maßnahmen allgemein beschränkender Art führt notwendig zur Erhöhung der Zahl, der Macht und des Einflusses der Beamten, die mit ihrer Durchführung beauftragt werden. Sie haben also alle Aussichten, die wahren Gebieter der Kulturländer zu werden. Ihre Macht ist umso größer, als nur die Beamtenkaste, als einzige, die unverantwortlich, unpersönlich und auf Lebenszeit angestellt ist, dem unaufhörlichen Machtwechsel entgeht. Nun gibt es aber keine Gewaltherrschaft, die härter ist als diese, die in dieser Gestalt auftritt.

Als Opfer des Irrtums, dass durch Vermehrung der Gesetze Freiheit und Gleichheit besser gesichert würden, nehmen die Völker nur drückendere Fesseln auf sich. Sie nehmen sie nicht ungestraft auf sich. Gewohnt, jedes Joch zu tragen, kommen sie schließlich dahin, es aufzusuchen, und büßen zuletzt alle Ursprünglichkeit und Kraft ein. Sie sind nur noch wesenlose Schatten, Automaten, willenlos, ohne Widerstand und Kraft.

Wenn der Mensch in sich die Spannkraft nicht mehr findet, muss er sie anderswo suchen. Mit der zunehmenden Gleichgültigkeit und Ohnmacht der Bürger muss die Bedeutung der Regierungen nur noch mehr wachsen. Sie müssen notgedrungen den Geist der Initiative, der Unternehmung und Führung besitzen, den der Bürger verloren hat. Sie haben alles zu unternehmen, zu leiten, zu schützen. So wird der Staat zu einem allmächtigen Gott. Die Erfahrung lehrt aber, dass die Macht solcher Gottheiten weder von Dauer noch sehr stark war.

Die fortschreitende Einschränkung aller Freiheiten bei gewissen Völkern, trotz einer Ungebundenheit, die ihnen Freiheit vortäuscht, scheint eine Folge ihres Alters und ebenso sehr der Regierung zu sein. Sie ist ein Vorzeichen für die Entartung, der bisher noch keine Kultur entgehen konnte. Wenn man aus den Lehren der Vergangenheit Schlüsse zieht und nach den Anzeichen urteilt, die überall in Erscheinung treten, so sind mehrere unserer modernen Kulturen auf dieser Stufe des höchsten Greisenalters, das der Entartung vorangeht, angelangt. Bestimmte Entwicklungsformen scheinen für alle Völker unabwendbar zu sein, da sich dieser Verlauf in der Geschichte so oft wiederholt.

Wenn wir in großen Zügen die Entstehung der Größe und des Niedergangs der Kulturen der Vergangenheit betrachten, so sehen wir folgendes: Beim Erwachen dieser Kulturen einen zusammen gewehten Haufen von Menschen verschiedenster Abstammung, zufällig vereint durch Wanderungen, Überfälle und Eroberungen. Von verschiedenem Blut, verschiedener Sprache und ebenso verschiedenen Anschauungen, hält diese Menschen kein anderes Band zusammen als das halb anerkannte Gesetz eines Häuptlings. In ihrem verworrenen Haufen finden sich die psychologischen Merkmale der Massen im höchsten Maße. Sie zeigen den Zusammenhang für den Augenblick, den Heldenmut, die Schwächen, die Triebhandlungen und die Gewalttätigkeit. Nichts ist bei ihnen von Dauer. Sie sind Barbaren.

Dann vollendet die Zeit ihr Werk. Gleichheit der Umgebung, wiederholte Kreuzungen, das Bedürfnis eines Gemeinschaftslebens fangen langsam an zu wirken. Die verschiedenen Bestandteile des Haufens beginnen zu verschmelzen und eine Rasse zu bilden, d.h. ein Aggregat mit gemeinsamen Eigenschaften und Gefühlen, die sich durch Vererbung immer mehr befestigen. Die Masse ist ein Volk geworden, und dies Volk kann sich aus der Barbarei erheben.

Nach Vollendung ihrer schöpferischen Wirkung aber beginnt die Zeit jenes Zerstörungswerk, dem weder Götter noch Menschen entgehen. Ist die Kultur auf einer gewissen Höhe der Macht und Mannigfaltigkeit angelangt, ist sie zu raschem Niedergang bestimmt. Aber bald schlägt die Stunde des Alters.

Diese unentrinnbare Stunde ist stets durch das Verblassen des Ideals gekennzeichnet, das die Rassenseele erhob. In dem Maße, als dieses Ideal abstirbt, beginnen alle von ihm geschaffenen religiösen, politischen und gesellschaftlichen Gebilde zu wanken. Mit dem fortschreitenden Schwinden ihres Ideals verliert die Rasse mehr und mehr alles, was ihren Zusammenhalt, ihre Einheit und Stärke bildete. Der einzelne kann an Persönlichkeit und Verstand wachsen, gleichzeitig tritt aber an die Stelle des Gemeinschaftsegoismus der Rasse die übermäßige Entfaltung des Einzelegoismus, die von einer Schwächung des Charakters und einer Verringerung der Tatkraft begleitet wird. Was ein Volk, eine Einheit, einen Block bildete, wird zuletzt ein Haufen zusammenhangloser einzelner, die nur noch künstlich durch Überlieferungen und Einrichtungen zusammengehalten werden. Dann geschieht es, dass die Menschen, die durch ihre Neigungen und Ansprüche voneinander getrennt sind, sich nicht mehr regieren können und danach verlangen, in den unbedeutendsten Handlungen geführt zu werden, und dass der Staat seinen verzehrenden Einfluss ausübt.

Mit dem endgültigen Verlust des früheren Ideals verliert die Rasse zuletzt auch ihre Seele, sie ist dann nur noch eine Menge alleinstehender einzelner und wird wieder, was sie am Ausgangspunkt war, eine Masse. Sie zeigt all ihre flüchtigen, unbeständigen und zukunftslosen Eigenschaften. Die Kultur ist ohne jede Festigkeit und allen Zufällen preisgegeben. Der Pöbel herrscht, und die Barbaren dringen vor. Noch kann die Kultur glänzend scheinen, weil sie das äußere Ansehen bewahrt, das von einer langen Vergangenheit geschaffen wurde, tatsächlich aber ist sie ein morscher Bau, der keine Stütze mehr hat und beim ersten Sturm zusammenbrechen wird.

Aus der Barbarei von einem Wunschtraum zur Kultur geführt, dann, sobald dieser Traum seine Kraft eingebüßt hat, Niedergang und Tod – in diesem Kreislauf bewegt sich das Leben eines Volkes.

10. Dem Vernehmen nach

Man kann langsam und schleichend immer mehr Nachrichten, gleichgültig aus welchen Medien, vernehmen, die negative Inhalte transportieren. Dieses Empfinden entstand und entsteht, wenn sich Menschen über einen längeren Zeitraum daran gewöhnen, in einer Komfortzone zu leben. Wer in seiner Zeit um Nahrung, Soziales oder Moral kämpfen muss, befindet sich in keiner Komfortzone. In und außerhalb der Komfortzone unterliegt man objektiv gesehen zunächst keinem Urteil. Erklärungen und Begründungen führen dann zu Beurteilungen. Hier einige Veröffentlichungen innerhalb weniger Tage (Namen der Verfasser werden aus Datenschutzgründen hier nicht genannt):

F.A.Z., 19. November 2020: „Alleingelassenes Opfer einer Hetzkampagne"

„Als er am 16. Oktober in Conflans-Sainte-Honorine nach der Enthauptung des Lehrers Samuel Paty eine kurze Ansprache hielt, dankte Frankreichs Präsident Emmanuel Macron ausdrücklich dem Lehrerkollegium und der Schulleitung, die ‚jeglichem Druck mit bemerkenswertem Mut standgehalten' hätten. Doch die Erzählung von einer heroisch die Presse- und Meinungsfreiheit verteidigenden Lehrerschaft, die geschlossen hinter dem Geschichtslehrer Samuel Paty stand, hat sich im Laufe der Ermittlungen verflüchtigt. Paty musste sich, so steht inzwischen fest, den Anfeindungen mehrerer Kollegen erwehren. So hielt ihm ein anderer Lehrer vor, dass er die Mohamed-Karikatur aus der satirischen Wochenzeitung ‚Charlie Hebdo' den Schülern im Unterricht gezeigt habe. Ein anderer Lehrer warf ihm vor, den ‚Islamisten in die Hände gespielt' und ‚Schüler diskriminiert' zu haben. Auch die Schulleiterin trat nicht als eindeutige Anwältin auf, sondern tadelt Paty für seine ‚Ungeschicklichkeit'. Das zeigt der E-Mail-Austausch von Samuel Paty, der Schulleitung und des Lehrerkollegiums in den zehn Tagen zwischen Patys Unterrichtsstunde über Pressefreiheit am 6. Oktober und der Enthauptung des Geschichtslehrers am 16. Oktober.

Der Zeitung ‚Le Monde' wurde mittlerweile Zugang zu den E-Mails gewährt. Sie werden vom französischen Bildungsministerium verwaltet. Bildungsminister Jean-Michel Blanquer hat sich wiederholt vehement gegen die in der Lehrerschaft stark verbreitete linksgerichtete politische Strömung ausgesprochen. Demnach sind Muslime prinzipiell als Opfer von Diskriminierung und sozialer Benachteiligung anzusehen und deshalb sei Rücksicht zu nehmen. In Frankreich gibt es dafür den Begriff des ,Islamo-gauchisme', dem Blanquer kürzlich in einem Radiointerview den Kampf ansagte."

...

„Doch einen Tag später schrieben zwei Lehrer eine Rundmail, um sich von Samuel Patys Vorgehen zu distanzieren. ,Ich schreibe Ihnen heute diese Nachricht, weil ich das Bedürfnis habe, Ihnen mitzuteilen, dass ich unseren Kollegen nicht unterstütze', schrieb eine Lehrerin. ,Ich will mich durch mein Schweigen nicht zur Komplizin machen'."

...

„Der Geschichtslehrer Paty wurde in dem E-Mail-Austausch auch von einem anderen Kollegen scharf zurechtgewiesen. ,Unser Kollege hat der Meinungsfreiheit einen schlechten Dienst erwiesen, er hat den Islamisten Argumente verschafft und gegen die Laizität gearbeitet, indem er ihr einen Aspekt der Intoleranz gab', schrieb der Lehrer. Er habe zudem die Schüler diskriminiert."

...

„Ein 18 Jahre alter radikaler Islamist tschetschenischer Herkunft hatte wenige Stunden zuvor Paty enthauptet."

Meinung des Autors dieses Buches: Das Ausleben des Islam unterliegt einer Range und diese reicht vom gemäßigten Muslim bis zum radikalen Islamisten, Schläfer eingeschlossen. Man bedenke auch, dass ein Schläfer zum Schläfer werden kann, indem er sich subjektiv betrachtet diskriminiert fühlt, es objektiv aber nicht wird – eine Besonderheit des Islam. Dies trifft ebenso auf die Integrationsfähigkeit der Muslime zu – auch eine Range. Das Verlassen der westlich geprägten Komfortzone wird durch Feigheit und Mangel an Tiefgang der Problematik verhindert. Außerhalb der Komfortzone hört man oft Einschätzungen, die der Realität sehr nahe sind – keine weicheigeprägte Träumerei. Mangelnde Menschenkenntnis, fehlende Courage und ausbleibende Lebenserfahrung sägen an einer Kultur und belassen das Individuum in der Komfortzone.

F.A.Z., 18. November 2020: „Polizei sieht die Zeil nicht als No-go-Area"

„Nach Angriff auf eine transsexuelle Person auf der Frankfurter Zeil werden Videos ausgewertet. Der Tatverdächtige ist als Gewalttäter bekannt. [....] Die Aufklärung eines Angriffs auf eine transsexuelle Person auf der Frankfurter Zeil gestaltet sich zunehmend schwierig. Noch immer sei unklar, wie genau sich der

Übergriff auf das 20 Jahre alte Opfer, das in sozialen Netzwerken als ‚Kweendrama' bekannt sei, ereignet habe, sagte ein Polizeisprecher am Dienstag. Es gebe einige Videos im Internet, die nun überprüft würden. Vor allem aber hoffe man auf Zeugenaussagen. Der Angriff, bei dem das Opfer aus einer Gruppe von rund 150 Personen heraus erst beleidigt und anschließend getreten und geschlagen worden sein soll, ereignete sich am Samstag gegen 20:15 Uhr – zu einer Uhrzeit, zu der trotz der Corona-Einschränkungen noch viele Besucher auf der Zeil unterwegs waren."

...

„In dem Gespräch geht es um die Frage, wie tolerant man sich gegenüber Schwulen und Transsexuellen verhalten soll. ‚Bresso', der seine Videos offenbar häufiger auf der belebten Einkaufsstraße dreht, setzt auf Provokation."

...

„‚Wäre das mein Sohn, ich schwöre, ich hätte dich dumm und dämlich gehauen.'"

...

„Dennoch will die Polizei nicht vorschnell eine Verbindung zwischen diesem Streitgespräch und dem Angriff vom Samstag herstellen, wie der Sprecher weiter sagt. Die Ermittler konzentrieren sich derzeit auf die zehn Tatverdächtigen, die nach dem Angriff noch am Tatort festgenommen wurden. Es handelt sich um Männer im

Alter zwischen 14 und 30 Jahren, von denen einige schon durch Gewalt- und Eigentumsdelikte polizeilich in Erscheinung getreten sind. [...] Zur Nationalität der jungen Männer machte die Polizei auf Nachfrage keine Angaben."

F.A.Z, 18. November 2020: Leserbrief „Das Standarddeutsch"

„[...] In der Tat führt die Einführung neuer Varianten des Deutschen zur weiteren Spaltung des Sprachgebrauchs und macht gerade Menschen mit mangelnden Deutschkenntnissen das Sprachlernen besonders schwer. Schon das Reklame-Foto ,Leichte Sprache' ist nicht identisch mit dem Titel ,Einfache Sprache'.

In der ,Leichten Sprache' werden viele gängige Ausdrucksmöglichkeiten verboten. Dazu gehören Metaphern, Fremdwörter, Genitive, Nebensätze, Verneinungen, Passive, die alle auch in sehr einfacher Form auftreten, der Genetiv etwa in Papas Auto, das Passiv etwa mit ,Es wird jetzt nicht gesprochen'. Der Ansatz war zunächst zur Verbesserung der Verständlichkeit für eine kleine Gruppe von Lernschwachen gedacht. Aber häufig funktionieren solche strikten Normierungen gar nicht. Deshalb wich man zunehmend auf eine ,Einfache Sprache' aus, die weniger rigide normiert und beinahe beliebige Erweiterungen zulässt. Das führt zu unterschiedlichen Regeln und einer Verbreitung der Zielgruppe der angeblichen Lernunfähigen. Damit aber wird das Vorgehen

127

interessant für Politisierung und brauchbar etwa für Wahlprogramme, für Forderungen nach Political Correctness sowie für Schulbuchverlage mit neuen Sprachbüchern. Die Sprachvarianten werden über die Schulen bis zum Deutschunterricht für Migranten verbreitet, wo zum Beispiel der Präsident als ‚Kopf‘ statt als ‚Repräsentant‘ des Staates bezeichnet wird.

Mein Ziel als Deutschlehrerin ist es immer, Kindern und Erwachsenen auf verschiedenen Niveaus dieselbe Sprache beizubringen. Die gemeinsame Sprache ist das Standarddeutsch, das von allen so gut wie möglich verstanden, gesprochen und geschrieben werden soll und das im Idealfall sogar Abweichungen davon in der Literatur analysiert und verstehbar macht. Schülern diese Ausdrucksmöglichkeiten von vornherein zu verweigern ist in der Tat eine arrogante und anmaßende Geste von sogenannten Gebildeten. Die angesichts abnehmender Sprachfähigkeit der Schüler zunehmend resignierter Verwendung der ‚leichten‘ oder ‚einfachen Sprache‘, anstatt das Standarddeutsch einfach und verständlich zu erklären und zu benutzen, führt zur erneuten Spaltung unserer Gesellschaft, diesmal unserer Gesellschaft als Sprachgesellschaft.“

F.A.Z, 13. November 2020: Leserbrief „Bald wie in Frankreich?"

„Der Beitrag ‚Der Prophet im Klassenzimmer' [...] verdeutlicht die Tatenlosigkeit der Kultusminister und der Bundesregierung gegenüber dem wachsenden Islamismus in deutschen Schulen. Die Haltung der Politik liefert eine Steilvorlage für die Argumentation einer AfD und die Hetze rechtsextremistischer Gruppen.

Man kann dem in dem Beitrag zitierten Buchautor nur dankbar sein, dass er mit seiner Untersuchung auf die islamisch fundierte, sich mehr und mehr entwickelnde ‚Gegengesellschaft' so deutlich hingewiesen hat. Die Wahrung der Religionsfreiheit, verbunden mit gegenseitigem Respekt für andere Religionen, sowie die Akzeptanz der freiheitlich- demokratischen Grundordnung und Werte der BRD müssen von allen Schülern, Schülerinnen und deren Eltern aktiv verlangt werden. Wenn den jetzigen Zuständen und drohenden Entwicklungen nicht sehr entschieden von Kultusministern, Schulleitern und der Bundesregierung selbst entgegengetreten wird, wird es in Deutschland bald eine ähnliche Situation wie in Frankreich geben, wo der Staat vor der massiven islamischen Gegengesellschaft schon kapituliert hat."

F.A.Z., 13. November 2020: Leserbrief „Wehret den Anfängen"

„Selten haben eine Zeitung oder andere Medien so klar und deutlich die Trivialisierung des Islamismus, angeblicher Islamfeindlichkeit und des islamischen Terrorismus skizziert wie Susanne Schröter in ihrem Beitrag ‚Der Nährboden des Terrors'. Die islamischen Gewalttaten von ‚Linken' geduldet oder sogar negiert, von ausländischen Regierungen und Predigern unterstütz, und die zunehmende radikale Islamisierung sind, nicht nur in Frankreich, eine Folge des Schweigens und Wegsehens der Politik, auch in Berlin, siehe Dresden. Die Betroffenheitsrituale, wie dies Frau Schröter zutreffend schreibt, bleiben ohne Konsequenzen. Geächtet und strafbar sollte jeglicher Angriff des nichtsäkularen scharia-orientierten Islams (nicht nur Islamismus) auf den demokratisch jüdisch-christlichen Wertekosmos sein. ‚Wehret den Anfängen' gilt hier auch insbesondere für Deutschland und dessen Politiker vor dem täglichen Aufkommen des neuen geduldeten, verleumdeten und trivialisierten islamischen Terrors und Antisemitismus."

F.A.Z., 13. November 2020: Leserbrief „Ein systematisches Problem"

„Deprimiert legt man nach der Lektüre der Meldung ‚Islamist soll Messerangriff verübt haben' und des Berichts von Susanne Schröter ‚Der Nährboden des Terrors' […] über die Strukturen des Islamismus die Zeitung beiseite. Warum hört und sieht man fast keine Reaktionen der offiziellen Politik auf die Attentate? Wo bleibt die lautstarke Empörung von Grünen und SPD[4], wo die Wutrede des Bundespräsidenten, wo bleiben die Lichterketten der NGOs[5] und ‚engagierten Bürger'?

Islamistisch motivierte Gewaltverbrechen sind keine Einzelfälle mehr, und daher reicht es nicht, diese Taten als Einzelfälle zu behandeln, es steckt ein systematisches Problem dahinter. Jedem, der die Dinge unvoreingenommen betrachtet, war spätestens 2015 klar, wohin die unkontrollierte Masseneinwanderung aus Kriegsgebieten wie Syrien, Irak oder Afghanistan führen wird. Tausende Gefährder bewegen sich heute frei in unserem Land. Die Bürger haben ein Recht darauf, dass Politik und Behörden die Bekämpfung dieser gefährlichen Entwicklung endlich als alleroberste Priorität angehen. Frankreich macht vor, wie der erste Schritt aussehen muss: sofortige Abschiebung aller Gefährder!"

F.A.Z., 13. November 2020: Leserbrief „Liberalen Muslimen den Rücken stärken"

„Zum Artikel von Susanne Schröter ‚der Nährboden des Terrors' in der F.A.Z. vom 22.Oktober: Der Beitrag der Islamwissenschaftlerin Susanne Schröter war dringend nötig. Es geht um unsere Freiheit

---

[4] Im Vergleich zu einem Mord eines Deutschen an einem Deutschen: kleiner Aufschrei. Wenn ein Deutscher einen Araber tötet: großer Aufschrei.
[5] Nichtregierungsorganisationen.

und unsere Sicherheit. Zu Recht ist die Frage zu stellen, warum es in Deutschland immer noch keinen einzigen Lehrstuhl zur Erforschung des Politischen Islams gibt. Verweigert die Politik das, weil aus ihrer Sicht damit bestimmte Inhalte islamischer Quellschriften kritisch hinterfragt werden müssten? Ist eine ergebnisoffene wissenschaftliche Aufarbeitung des Politischen Islams wirklich mit ‚Islamphobie' und ‚antimuslimischen Rassismus' und ‚Rechtsextremismus' gleichzusetzen?

Offizielle Islamvertreter sehen sich und den Islam gerne in einer Opferrolle und verweisen auf ‚antimuslimischen Rassismus'. Genau diesen will, so Schröter, die Politik nun durch Einrichtung von Expertengruppen bekämpfen. Der Politik passt das insofern, weil sie damit Antiislamismus und Rechtsextremismus gleichsetzten kann. Die Interessen der Islamverbände wären damit bestens bedient, da liberaler und säkularer Islam vom politischen Islam nicht abgegrenzt würden. Die Amadeu-Antonio-Stiftung, ‚die sich konsequent gegen Rechtsextremismus, Rassismus und Antisemitismus wendet', definiert: ‚Rassismus ist eine Ideologie, die Menschen aufgrund ihres Äußeren, ihres Namens, ihrer Kultur, Herkunft oder Religion abwertet.'

Christen und Juden sind für fundamentalistischen beziehungsweise politischen Islam ‚Ungläubige'. Man muss sich von ihnen fernhalten. Ihr Glaube ist gegenüber der eigenen ‚wahren'

Lehre als minderwertig anzusehen. Die Welt wird in Gläubige (im ‚Haus des Friedens' – das heißt in islamische Staaten) und Ungläubige (‚Haus des Krieges') eingeteilt. Intoleranz und Aggressivität gegenüber Ungläubigen entsprechen dieser religionsrassistischen Position, die ihrerseits anstrebt, unter Berufung auf Religionsfreiheit im Grundgesetz islamische Normvorstellungen durchzusetzen.

Die Friedlichkeit des Islam in Anspruch nehmen, das kann nicht der politische, wohl aber der liberale und säkulare Islam. Warum werden, wenn sich demokratisch-liberale Muslime in unserer Gesellschaft deutlich und offiziell als solche zeigen, vom politischen Islam unter Druck gesetzt und angegriffen? Warum muss etwa Seyran Ateş, die in Berlin die liberale Ibn-Rushd-Goethe-Moschee leitet, unter Polizeischutz leben? Eine wissenschaftliche Klärung könnte den liberalen und säkularen Muslimen den Rücken stärken, sie könnte den Zulauf nach Rechtsaußen vermindern und würde vor allem sichtbar machen, wo die Politik unsere Freiheit schützen muss."

F.A.Z., 13. November 2020: Leserbrief „Eine klassische Täter-Opfer-Umkehr"

„Nach der Lektüre des Artikels von Frau Professor Schröter über den Islamismus ‚Der Nährboden des Terrors' […] bin ich als Vater zweier Töchter und Großvater zweier Enkelinnen bestürzt darüber, dass es keinen Aufschrei gibt seitens der Frauen, die sich in den vergangenen Jahrzehnten mühsam Rechte erkämpft haben, die nun radikale Islamisten muslimischen Frauen vorenthalten. Statt zu lamentieren über Gendersprache und Quote sollten sich politisch engagierte Frauen dafür einsetzen, dass ihre bislang erstrittenen Rechte auch für muslimische Frauen gelten. ‚Islamfeindlichkeit' zu verorten, wo Frauenrechte mit Füßen getreten werden, und offen Judenhass in Parallelgesellschaften zu relativieren als Teil islamischer Kultur, ist in der Tat eine klassische Täter-Opfer-Umkehr.

Prediger unter dem Einfluss ausländischer Regierungen träumen teilweise offen davon, dass Europa islamisch wird. Nicht der Erhalt europäischer Werte ist ‚rassistisch', sondern deren Bekämpfung durch Islamisten."

F.A.Z., 17. November 2020: „Null Toleranz?"

„So wie Rechtspopulisten Taten oft verharmlosen, wenn der Täter ein ‚Biodeutscher' ist, so neigen Linke dazu, Taten herunterzuspielen, wenn sie etwa von Migranten begangen werden. […] Warum rieben sich bei den Grünen nur wenige die Augen, als ihre Parteifreunde zwar gegen Priester demonstrierten, die sich homosexuellenfeindlich geäußert hatten, zu ähnlichen Äußerungen von Muslimen aber schwiegen?"

F.A.Z., 17. November 2020: „Der Mann fehlt, das Leben ist zerstört"

„Im Lübcke-Prozess richtet die Witwe des Politikers persönliche Worte an den Angeklagten."

Bemerkung des Autors: Vor 18 Monaten wurde Walter Lübcke, ehemaliger Kasseler Regierungspräsident, von einem Deutschen ermordet. Jede Woche oder mindestens jeden Monat erscheint in den Medien ein Artikel über diesen Mord.

Ein Mädchen wurde von mindestens zehn Asylanten bestialisch vergewaltigt und anschließend ermordet (dies ist kein Einzelfall, ähnliche Vergehen sind zuhauf im Internet auffindbar). In den folgenden Wochen wurde dieses Thema in den Medien aufgegriffen, dann nie mehr.

Hier stimmen Balance und Gewichtung der Bedeutung nicht mehr.

F.A.Z., 17. November 2020: „Waffen im Tourbus"
Bushido sagt weiter gegen Arafat Abou-Chaker aus.

„Der Rapper berichtete exemplarisch von mehreren Vorfällen: Einmal sei Abou-Chaker in Oberhausen mit einem Türsteher aneinandergeraten, dem daraufhin jemand von der Seite mit dem Totschläger so fest auf den Kopf geschlagen habe, dass dessen Schädel gebrochen sei. Der Täter soll später im Tourbus von Abou-Chaker zusammengefaltet worden sein, weil er es ‚übertrieben' habe. Von einer strafrechtlichen Verfolgung des Vorgangs wisse er nichts, sagte Bushido. Vielleicht habe sich das Opfer bei der Polizei an nichts erinnert – ‚so wie immer'."

F.A.Z., 17. November 2020: „Migration bleibt Dauerbrenner"
„Eine große Mehrheit der Hessen steht der Zuwanderung grundsätzlich positiv gegenüber. [...] Das ist das Ergebnis einer Studie des Sozialministeriums[6]."

---

[6] Stichwort: „SOZIALMINISTERIUM".

11. Kultur und Komfortzone

Das größte aller Probleme in der Zukunft unserer Kultur sehe ich im Geisteszustand des in vorangestellten Kapiteln erwähnten Flachdenkers. Diese Bezeichnung ist nicht als Beleidigung, sondern als Charakterisierung zu verstehen. Die Menschen unterscheiden sich ja auch beispielsweise in ihrer Sehkraft oder Hörfähigkeit, sodass meiner Meinung nach auch einem Flachdenker durchaus einiges an Tiefgang, Weitblick und weiteren Tugenden abgesprochen werden darf. Ein Großteil der Menschen ist äußerst anfällig für Massenströmungen. Kurz auf den Punkt gebracht ist der Flachdenker ein Mensch, der die Zeichen der Zeit und die menschlichen Geschehnisse nicht erkennt oder falsch interpretiert. Nimmt dieser Typus Mensch durch oben geschilderte Gründe überhand, dann wird der Vernünftige es schwer haben – „Gegen Dummheit ist kein Kraut gewachsen!"

Wie schon erwähnt: Als sich die vereinigten Staaten in Nordamerika zusammengeschlossen haben, war dies, abgesehen von einem Bürgerkrieg, relativ leicht durchführbar, da sich noch nicht ausgehärtete Staatsstrukturen zu einem Ganzen geformt haben. 27 ausgehärtete Staatsstrukturen wurden in der EU zusammengepfercht. Man muss nicht Analytiker, Organisator oder Entwickler sein, um in beiden Zusammenschlüssen Unterschiede zu erkennen. Die EU ist in einer nicht vertretbar hohen Geschwindigkeit mit der heißen Nadel gestrickt worden. Dieser Zusammenschluss ist zu komplex, um übereilt einen Konsens finden zu können.

Jede bisherige und noch folgende Kultur trägt ein Verfallsdatum, zu dem der Insasse der Komfortzone wenig Zugang verspürt. Die Kulturen zerfallen aus mehreren Gründen. Nachfolgend möchte ich einige Beispiele nennen:

1. Einflüsse von außen (z.B. bei den Indianern: Das Land der Ureinwohner Nordamerikas wurde annektiert, ohne dass sich dessen Völker nachhaltig wehren konnten);
2. Innerer Zerfall (oft dann, wenn der Magen übersättigt ist und synthetische und trennende Ideen an Raum gewinnen, ebenso politische Querelen, Ausblenden von zu erahnenden Problemen aufgrund der Bestandwahrung in der Wohlfühlphase – kurzum: Realitätsverweigerung);
3. Naturkatastrophen, unter die in diesem Sinne auch Epidemien und Umweltschäden fallen.

Wenn eines dieser Punkte in einem Volk fehlt, reduzieren oder reduziert werden, droht einer Kultur höchstwahrscheinlich schleichend und für die Masse nicht spürbar der unbemerkte Untergang. Das Verlassen der Komfortzone wäre hier angeraten. Wenn eine Kultur untergeht, entwickelt sich eine Situation, die sich als das Gegenteil eines Streichelzoos zeigt, es geht jedem einzelnen an den Kragen. Wenn keine negativen Auswirkungen wie Krieg oder

Naturkatastrophen von außen auf eine Kultur einwirken, trägt 80 % der Bevölkerung selbst zu einem Untergang bei. Die restlichen 20 %, die über Weitblick verfügen, werden nicht dagegen angehen können. Gründe eines Unterganges könnten sein:

1. Verlust des Rudeltierverhaltens
2. Verwässerung des Zusammenhalts
3. Abnahme des Realitätssinns
4. Übertriebene Ideologien
5. Zunehmendes Gutmenschentum
6. Verstärkte Toleranz
7. Freiheit als Konstante
8. Keine Unterscheidung mehr zwischen Gut und Böse
9. Sinkende Moral
10. Verlust des gesitteten Umgangs von Mensch zu Mensch
11. Untergang von „danke", „bitte" und „guten Tag"
12. Schwindender Familiensinn
13. Fehlende Leistungsbereitschaft
14. Nicht Beachtung eines Teils der „Zehn Gebote"
15. Verantwortung verweigern
16. Überzogene Religion
17. Schwindender Respekt vor Polizei, Justiz und Hilfskräften
18. Verlust der Gemeinsamkeit in Richtung Verrohung
19. Abkehr vom Heimatland
20. Übertriebenes unrealistisches Multikulti
21. Weltoffenheit als Glaubensbekenntnis
22. Unkontrollierte Grenzöffnungen
23. Verkauf des eigenen Landes durch Wissen und Werte
24. usw.

Die meisten der vorangestellten Gründe entstehen durch die Weigerung der Masse, ihre Wohlfühlzone zu verlassen. Dies beruht auf der nicht vorhandenen Risikobereitschaft, sich aus der Komfortzone zu begeben, wo die Realität als hart empfunden wird. Hinzu kommt, dass viele Menschen nicht dazu bereit sind, noch einmal von vorne zu beginnen. Der Mutige, der den Wandel des Zeitgeistes erkennt, wird aufkommende negative Einflüsse erkennen, thematisieren und vielleicht auch dementsprechend handeln. Der Flachdenker und Duckmäuser – durchaus mit hoher mathematischer Intelligenz ausgestattet – zeigt feiges Verhalten und richtet seine Meinung dementsprechend aus. Erst durch Erahnen zukünftiger Ereignisse, gepaart mit Courage, lassen sich politisch falsch eingeschlagene Wege korrigieren.

Jeder – gleichgültig welcher Herkunft – soll für sein Tun und Handeln, jetzt und in der Zukunft, die volle Verantwortung übernehmen. Religionen oder religionsähnliche Strömungen sind reine Privatsache und haben weder in der Politik noch in der Wirtschaft etwas zu suchen. Leistung soll belohnt werden. Leistungsverweigerer sollen nicht belohnt werden. Aber ein Sozialsystem, eine Art Assekuranz, soll dafür sorgen, dass niemand hungert und jeder ein Dach über dem Kopf hat. Nach einem Punktesystem soll jeder Mensch für sich selbst die Anwartschaften auf seine Rente erwerben. Der Bürger soll verpflichtet werden, monatlich auf sein Punktekonto Einzahlungen, entsprechend seinem Einkommen, vorzunehmen. Mütter werden hier besonders berücksichtigt usw.

Jeder, der sich für einen Demokraten hält, sollte sich überlegen, ob sein Gegenüber ein Rassist oder ein Mensch ist, der nur seine Meinung kundtut. Gefährlich sind die Menschen, die sich massenpsychologisch beeinflussen lassen und es nicht bemerken, oder die Flachdenker. Dieser Typ Mensch sieht nicht die möglichen Gefahren und kann sich somit auch nicht darauf einstellen.

12. Komfortzone und Wohlfühlphase

Folgendes Szenario ist irgendwo auf unserem Erdball zu einer beliebigen Zeit im zwanzigsten oder einundzwanzigsten Jahrhundert denkbar: Eine Stadt mit 30.000 Einwohnern wird durch einen Fluss geteilt. Auf der einen Seite haben sich die Industrie und das Gewerbe mit Einzelhandel und Gastronomie angesiedelt und auf der anderen Seite leben die Bürger in ihren Wohnungen und Häusern. Beide Stadtteile sind durch eine breite Fußgängerbrücke über den Fluss verbunden, hier herrscht reger Verkehr. Bei schönem Wetter nutzt man gerne gastronomische Einrichtungen auf der Gewerbeseite, bei schlechtem Wetter laufen die Geschäfte in den Restaurants etwas schlechter, da sie weitestgehend freiluftorientiert sind. Soweit zur Struktur des Ortes. Man versorgt sich mit dem täglichen Bedarf an Lebensmitteln oder Literatur auf der Gewerbeseite, weil der nächste Ort zu weit entfernt ist.

Auf der Seite der Bürgerbesiedlung haben sich bei drei Nachbarn unterschiedliche Verhaltensweisen zu einem Ereignis ergeben.

Durch die Nachrichten konnte man erfahren, dass sich ein Sturm mit Niederschlägen in einem Gebiet, ca. 50 Kilometer entfernt, ankündigt, vielleicht sogar ein Hurrikan. Die Möglichkeit, dass dieser Ort in Mitleidenschaft gezogen wird, ist vorhanden, aber nicht sonderlich wahrscheinlich.

Nachbar A traute dem Unwetter aufgrund seiner Erfahrungen nicht und deckte sich auf der Gewerbeseite mit den notwendigen Lebensmitteln für einen längeren Zeitraum ein. Die Nachbarn B und C ignorierten die mögliche Gefahr, sie wollten sich auch nicht mit einer eventuellen Versorgungsproblematik belasten. Schließlich kam es aber doch zu den gefürchteten Wetterereignissen und die Versorgung mit Treibstoff wurde auch unterbrochen.

Seit mehreren Tagen haben sich die Niederschläge so ausgedehnt, dass sich niemand mehr vor die Tür wagte. Nachbar A brauchte dies auch nicht, er war versorgt. Bei den Nachbarn B und C gingen die Lebensmittelreserven langsam zur Neige. Nachbar B wagte den Gang über die Brücke zum anderen Ufer, kaufte die notwendigen Lebensmittel ein und ging völlig durchnässt zurück in sein Haus. Nachbar C wartete noch ab, um sich erst am nächsten Tag zu versorgen. In der Nacht aber spülten die Fluten die lebensnotwendige Brücke aus ihren Verankerungen. Um die Versorgung des Nachbarn C war es geschehen.

Was hat dies alles mit einer Komfortzone zu tun? Nachbar B und Nachbar C wollten sich nicht mit möglichen Unannehmlichkeiten belasten. Vielleicht verfügten sie auch nicht über den Weitblick, mögliche Konsequenzen zu erkennen. Auf jeden Fall wollten sie sich nicht die Mühe von Nachbar A aufbürden, sondern ihren ruhigen geregelten Lebensablauf wahren. Ein weiterer Aspekt beeinflusste das Verhalten der nun benachteiligten Nachbarn. Ein Großteil der Bürgerschaft dachte ähnlich wie die beiden, man hat sich quasi gegenseitig hochgeschaukelt, keine Maßnahmen zu ergreifen, Nachbar A wurde sogar hämisch belächelt. Hier wirken zwei Phänomene. Zum einen waren B und C zu bequem, etwas zu unternehmen, und zum andern unterlagen sie der Massenmeinung der Bürgerschaft. Weitblick, Tiefgang und unbeirrt individuelle Einschätzungen machten Nachbar A zum Klügeren. Der Rest dachte: „Warum soll ich etwas tun, ist doch alles in Ordnung, ich sehe keine Probleme." Mit anderen Worten: Diese Bürger wollten keine Probleme sehen, sondern sich weiterhin ungestört wohlfühlen. Aus der Masse auszuscheren bedarf Courage oder besser gesagt, es bedarf keines Feiglings, denn die Masse frisst den Andersdenkenden auf.

Diese kleine erfundene Geschichte lässt sich inhaltlich verändern und leicht auf viele Bereiche wie Politik, gesellschaftliches Leben und ähnlichem mit anderen Figuren und anderen Handlungen übertragen.

13. Gefahren durch die Komfortzone

Mögliche Gefahren können sich bei stetem Verharren in der Wohlfühlphase oder der Komfortzone ungehindert ausbreiten. Nur wenigen ist es gegeben, zukünftige Ereignisse zu erahnen, sie zu kommunizieren und dagegen anzugehen – dies aber ohne bleibenden Erfolg. Diese Menschen werden von der Masse nicht nur abgelehnt, nicht verstanden, sondern teilweise auch attackiert.

Nachstehend möchte ich einige durch die Komfortzone entstehende Gefahren nennen:

- *Ausleben der gegebenen Freiheit.* Der Mensch verträgt nur ein gewisses Maß an Freiheit. Sieht er, dass er die Grenzen ohne Repressalien beleben kann, so tut er dies. Es wird dann die Zeit kommen, in der die Freiheit überdehnt wird – Spaltung ist die Folge.
- *Festhalten am Grundgesetz bedeutet, sich dem Zeitgeist nicht anzupassen.* Dringend anzupassen sind aber:

Religionsfreiheit, Asyl, Demonstrationsrecht. Hier müssen klare Grenzen gesetzt werden. Zugereiste können nicht selbst über ihren Verbleib und ihre Zuwendungen entscheiden. Meinungsfreiheit ist ein hohes Gut, aber anderer Meinung zu sein kann nicht als politisch links- oder rechtsorientiert eingestuft oder Hass mit Gegenhass beantwortet werden. Spaltung wird sich ausbreiten. Spaltung bedeutet nicht nur Auseinandersetzung, Spaltung geht bis zum Bürgerkrieg. Sie als Leser glauben es nicht, doch werfen Sie einen Blick auf die Geschichte. Sie sind es nur nicht gewohnt und wurden bisher nie damit konfrontiert.

- *Toleranz ist eine soziale Tugend des Menschen.* Aber auf der Range der Tugend von Intoleranz bis hochtolerant – von Diktatur bis Anarchie – zeigen sich die Eckpunkte als äußerst gefährlich. Überdehnte Toleranz grenzt an Dummheit. Die Bewegung im Mittelmaß schafft sozialen Frieden.

- *Wie kann ein Land, wie beispielsweise Deutschland, sein Recht so brechen und das Illegale als legal gewähren lassen?* Und alle schauen zu, niemand will seine Komfortsituation verlassen, denn wenn er aufmuckt, wird er die Kraft der Masse spüren.

- *Seit der Existenz von Fauna und Flora werden Reviere und Haine beansprucht oder bepflanzt.* Tiere verteidigen ein Terrain wegen Nahrung und Fortpflanzungsmöglichkeiten. Bäume und Pflanzen vergrößern ihren Wachstumsradius durch Aussamung. All diese Reviere werden begrenzt. Diese dienen der Erhaltung der eigenen Art und dem Schutz vor Angriffen. Seit Millionen von Jahren haben sich Grenzen als sinnvoll erwiesen, man kann hier fast von einer Natürlichkeit sprechen. Im zeitlichen Vergleich dazu – in einer unbedeutenden Zeitspanne – sind Menschen der Auffassung, dass der Begriff „grenzenlos" die Zukunft prägen soll. Diese Menschen lassen aber außer Acht, dass der Mensch mit seinen sozialen Trieben seit seiner Existenz Grenzen benötigt und Grenzen benötigen wird. Die Annahme, der Mensch würde, wenn man ihm gut zuredet, auf Auseinandersetzungen verzichten, unterliegt einem naiven Irrtum. Wahrscheinlich kennt er aus Sicht seiner Komfortzone keine Kriege.

- *Der Mensch wird erst dann seine Wohlfühlphase verlassen, wenn er von der Realität gebissen wird.* Leider ist dann der Beißmechanismus zu sehr angewachsen, sodass Weglaufen nicht mehr viel Schutz bietet.

- *Zum Wohle der Persönlichkeit wurde dem Volk ein strenger Datenschutz auferlegt.* Genau dieser Datenschutz in dieser Ausprägung verhindert viele Untersuchungen und Nachforschungen, um anderes Übel vom Menschen abzuwenden. Wenn bei der Ermittlung eines Mordes der Datenschutz die Faktenerforschung erschwert, dann läuft etwas falsch. Oft wird bei den geringsten Nichtigkeiten der Schrei nach Datenschutz laut. Solange jeder in den Netzen Behauptungen und Fakes nach Gutdünken aufstellen kann, wird es immer schwieriger, sich eine bodenständige Meinung zu bilden. Jeder, der im Internet in irgendeiner Weise auftritt, sollte klar und transparent erkennbar sein. Was denken Sie als Leser? Wird sich die Nachrichtenqualität in dieser Weise ändern?

- *Bewusst oder unbewusst bedienen sich Filme, Fernsehsendungen oder auch Medien in jeder Form der Wirkung der Massenpsychologie oder besser der*

Massenbeeinflussung. Wie schon bereits erwähnt, betet man einem Menschen dreimal etwas vor, so nimmt er es als seine Meinung an. Warum soll man sich aus der bequemen Situation herausbegeben und sich bemühen, eine eigene Meinung zu bilden, wenn man Meinungen vorgesetzt bekommt? Eine in sehr vielen Fällen große Gefahr.

- *Werbung und Wirtschaft brauchen für den Absatz von Produkten oder Leistungen auf allen Ebenen das Wohlwollen der zukünftigen Kunden.* Es wäre dem Umsatz abträglich, würde die Werbung Stellung zu Sachlagen beziehen, die gegen den Mainstream laufen. Darum wird das präsentiert, was der Masse gefällt und mit dem sich die Masse beschäftigt. Es spielt hierbei keine Rolle, ob Darstellungen richtig oder falsch sind oder sich in der Zukunft als gut oder schlecht erweisen.

- *Erfolgreiche Menschen und erfolglose Menschen zeigen in ihrer Eigenheit oft widersprüchliche Einstellungen.* Der Erfolgreiche zeigt seinen Charakter von der brutalen Durchsetzung bis zum sozialen Ausgleich. Der Erfolglose – ebenso in einer Range – lebt von einer depressiven Phase bis zum aggressiven Revoluzzer.

- *Seit über 70 Jahren kennt Europa keinen Krieg, dies entsprich etwa drei Generationen.* Die Menschen fühlen sich in der friedlichen Umgebung mit den Nachbarn wohl. Warum sollten sie also das Militär ausbauen, wenn nichts auf einen Krieg hinweist – wir sind friedliche und gute Menschen, ohne den Wunsch nach Auseinandersetzung mit anderen Völkern. Wie bereits erwähnt, schwächt sich der Wille und besonders die Fähigkeit, sich zu verteidigen, immer mehr ab. Ein Boxer kann nur im Ring bestehen, wenn er trainiert.

Anzunehmen, dass künftig Kriege nicht mehr Raum zur Ausübung finden, ist fatal. Kriege müssen nicht mit Schusswaffen geführt werden – ein Virus tut es auch. Wenn sich ein Volk derart schwächt, dann legt es sich ohne Not auf den Rücken, wie am Beispiel von Bundeswehr oder Asyl zu sehen ist.

- *Betrachtet man die Inhalte der Medien, TV oder Presse, so werden vorwiegend negative Nachrichten verbreitet.* Dies tut dem Volk auf Dauer nicht gut, es verliert langsam und schleichend das Schöne am Leben.

- *Die generelle Machtgeilheit von einigen Menschen auf allen Gebieten bedeutet, den eigenen Standpunkt zu sichern, das Monetäre auszubauen und den Einfluss zu vergrößert.* Wissen Sie als Leser, wer von den Politikern oder den DAX-Vorständen mit welchen Methoden ans Ruder gekommen ist? Dahinter steckt in den meisten Fällen eine partielle Intelligenz. Ist erst einmal die letzte Stufe der Leiter erreicht, ändert sich oft der Charakter – Soziales wird präsentiert.

- *Ist Fortschritt immer Fortschritt?* Als Jugendlicher und auch später war ich ein uneingeschränkter Verfechter des Fortschritts. Für mich persönlich ging es immer nur bergauf. Heute bin ich nicht mehr so sehr davon überzeugt. Durch den hohen Grad an Automatisierung verkümmern gewisse menschliche Fähigkeiten. Bauen Sie doch einmal einen Adventskalender. Meine Tochter und meine Schwiegertochter bringen diese elementaren Dinge meinen Enkeln bei. Man fühlt sich eben wohl, wenn ein Automatismus Arbeit abnimmt. Zwar ist dies nicht grundsätzlich verkehrt, fördert allerdings die Verkümmerung.

- *Zurzeit leidet die ganze Welt an den Folgen des Covid-19-Virus.* Ich beschreibe Ihnen kurz ein fiktives Szenario: Durch die Bekämpfung des Virus werden auf allen Gebieten und zu allen Zeiten Mittel zur Desinfektion eingesetzt. Der Einsatz dieser Mittel tötet alle Viren und Bakterien ab. Nach Ende dieser fiktiven Pandemie – nach drei Jahren – sind alle Menschen virenfrei und treten wieder in das gewohnte und normale Leben ein. Was geschieht dann: Millionen Menschen werden auf dem Erdball dahingerafft, weil sie keinerlei Antikörper mehr bilden mussten.

- *Die Demokratie, so wie sie sich heute in den westlichen Staaten zeigt, entspricht nicht mehr der ursprünglich gut angedachten Idee.* Andere Meinungen, die vom Mainstream abweichen, werden radikal zusammengetreten und verpönt. Selbst die Politik, und in Teilen dadurch indirekt auch die Justiz, bedient sich dieses Verhaltens, obwohl die andere Meinung nur anders ist und niemand dadurch getötet, beleidigt oder bestohlen wird. Hier ist eine Empfindlichkeit entstanden, die eine Spaltung der Bürger hervorruft. Die ursprünglich angedachte Demokratie wird in absehbarer Zeit in ihrer Urform nicht mehr existieren.

- *Es entwickelt sich immer mehr ein Gutmenschentum, dessen Vertreter um die Position des besten Menschen konkurrieren.* Diese kommt bei der Masse gut an – man fühlt sich dabei wohl und bestätigt. Es wird sogar für Minderheiten gestritten, die sich selbst gar nicht diskriminiert fühlen.

- *Es wäre ein theoretisches Experiment von Seiten der Staatsführung, folgende Begriffe im Sprachgebrauch und in der Schrift für ein Jahr nicht zu benutzen, dafür aber den dahinterliegenden Sinn mir anderen Worten zu umschreiben: „grenzenlos", „global", „Populist", „Rassist", „Rechter", „Aktivist", „Querdenker", „Fremdenhass" usw. Es wäre interessant zu wissen, wie sich die Menschen dann um die Bedeutung des jeweiligen Begriffs bemühen würden.*

Ich frage mich als, so wie ich denke, vernünftig agierender Mensch mit dem beruflichen Werdegang des Systemanalytikers, wie insbesondere in westlichen Ländern Tagesgeschehen gewichtet werden. Im November 2020 traten Menschen auf die Straße und demonstrieren gegen Polizeigewalt. Ob es sich tatsächlich immer um primäre Polizeigewalt handelte, lasse ich außer Acht. Viele Demonstranten sind nicht unbedingt Engel. Wenige Wochen zuvor wurde ein französischer Lehrer von einem Islamisten auf bestialische Art und Weise enthauptet. Es wird zwar sanfte Trauer in der Bevölkerung bekundet, aber niemand geht wegen dieser islamischen Strömung auf die Straße. Ist es Feigheit oder verlassen die Menschen nicht ihre Wohlfühlzone, hin zur Realität? Wahrscheinlich kommt es auf das Gleiche heraus.

Schauen Sie sich diese ideologischen bis fanatischen Ausprägungen in Afrika an. Als Beispiel möchte ich den Boko-Haram-Terror in Nigeria nennen. Laut NTV ermordeten Islamisten 43 Bauern. Dies sind keine Einzelfälle, sie werden bei uns nur selten publiziert. Welch ein Komfort, in Deutschland zu leben, ohne bürgerkriegsähnliche Zustände, stattdessen mit gesellschaftlich noch akzeptablen Verbrechen aus dem Raum des Islam. Auch hier werden die Missetaten gerne von Politik und Medien dezent verharmlost. Ich möchte mir als Bürger dieses Staates eine klare Meinung auf transparenten Informationen bilden können, was uns unglücklicherweise nicht gegeben ist. Wenn das Volk nicht in einer gewissen Wohlfühlphase gehalten wird, befürchtet die Politik Ausschreitungen, die sie nicht mehr in den Griff bekommt.

Im Oktober 2020 wurde der französische Intellektuelle Pascal Bruckner nach einem Attentat von der F.A.Z. befragt: „Nach dem Attentat von Conflans-Sainte-Honorine hat Emmanuel Macron harte Maßnahmen angekündigt. Erleben wir einen Wendepunkt im Kampf gegen den Islamismus?" Antwort: „Wir haben schon oft die Erfahrung gemacht, dass Macron exzellente Reden hält, denen keinen Taten folgen. Meine Sorge ist, dass man das Phänomen in dem Moment entdeckt, wo es schon zu spät ist. Einem beträchtlichen Teil der jungen Muslime in Frankreich, ungefähr dreißig Prozent, ist die Scharia wichtiger als die Gesetze der Republik. Der politische Islam hat seine Netzwerke seit dreißig Jahren in Frankreich und Europa ungehindert ausgebaut."

Auch wenn sich hier einiges wiederholt, sollen an dieser Stelle andere Worte die Thematik verständlicher machen.

Mit entscheidend für das beharrliche Verbleiben in der Komfortzone sind die sozialen Triebe und die verschiedenen Sichten und Beurteilungen von Menschen. Die sozialen Triebe habe ich bereits angesprochen, hier nun zu den drei Sichtweisen, einen Menschen zu beurteilen:

1. Die Sicht, wie der einzelne Mensch sich selbst sieht und beurteilt.
2. Die Sicht, wie ein anderer Mensch einen Menschen sieht und beurteilt.
3. Sie objektive Sicht auf einen Menschen.

Letztere Sichtweise hat vorwiegend theoretischen Charakter. Allein die Differenz der beiden Sichtweisen 1 und 2 können gravierend voneinander abweichen. „Ich halte mich für den Größten. Mein Nachbar hält mich für einen Deppen."

Im erweiterten Sinne kann man auch die Frage stellen: „Glauben Sie, in der Politik, den Medien und unter den Menschen würde vorwiegend gelogen (bewusst oder unbewusst) oder die Wahrheit gesprochen? Der Mensch neigt dazu, wenn er sich einen Vorteil erhofft, die Wahrheit zu seinen Gunsten auszulegen. Dies muss nicht immer schlecht oder von Nachteil sein. Aber die Unwahrheit bleibt die Unwahrheit.

Es ist in diesen Zeiten angebracht, sich gegen alle Formen des Krieges zu stellen. Diese Einstellung dient dem Wohlfühlen. Wie schon zuvor erwähnt, gab es immer Kriege und wird auch in Zukunft Kriege geben, in welcher Form auch immer. Auch wenn es der eine oder andere nicht nachvollziehen kann, so liegt dieses Verhalten in der Natur des Menschen – nein sogar in der Natur der Fauna. Die Abschaffung oder die Reduzierung militärischer Einrichtungen und Organisationen schwächt ein Land, und zwar dann, wenn es angegriffen wird. Wenn sich ein Land nicht wehren kann, hat es ausgedient. Dies sind Tatsachen, die man in der Komfortzone tunlichst vermeidet. Im Übrigen trägt beispielsweise die Bundeswehr dazu bei, dass der Wehrpflichtige auch einmal eine andere Seite des menschlichen Zusammenspiels spürt – durchaus härter als vielleicht gewohnt.

14. Freiheit

Freiheit hat Grenzen und wird im Ausreizen der Möglichkeiten auch als Rausch empfunden. Das Mittelmaß trägt den Begriff vernünftiger Freiheitsgedanken zu Recht. Sich im Ausleben einer extremen Freiheit einfach nur wohl zu fühlen, schadet dem Gemeinsinn, also früher oder später auch einem selbst.

Freiheit 1

Freiheit ist ein sehr heikles Thema, weil es von Politik und Medien immer wieder als eine Konstante dargestellt wird. Hier wird zu früh die Denktiefe abgebrochen, eine Analyse der jeweiligen Situation entfällt. Freiheit ist eine Range mit zwei Eckpunkten. Werden diese überschritten, entsteht unweigerlich Leid. Aber zwischen den Eckpunkten muss sich der Freiheitsgedanke bewegen können. Hier sind der Staat und die Politik gefordert.

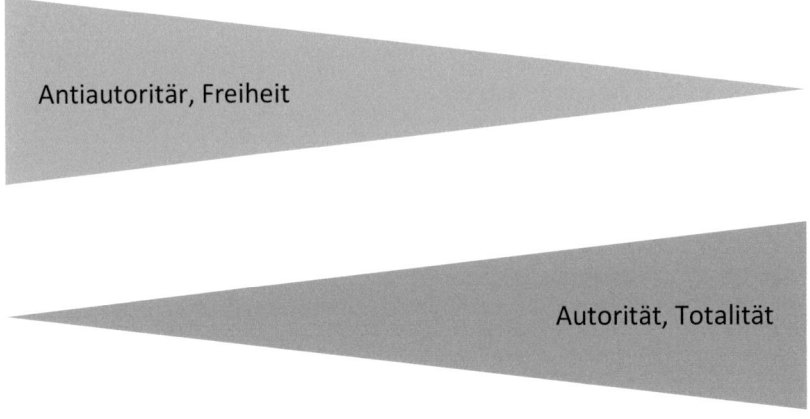

Antiautoritär, Freiheit

Autorität, Totalität

Zu viel Freiheit schadet ebenso wie zu wenig. Der goldene Mittelweg, angepasst an die Situationen der Zeit, dürfte das Maß aller Dinge sein.

Freiheit 2

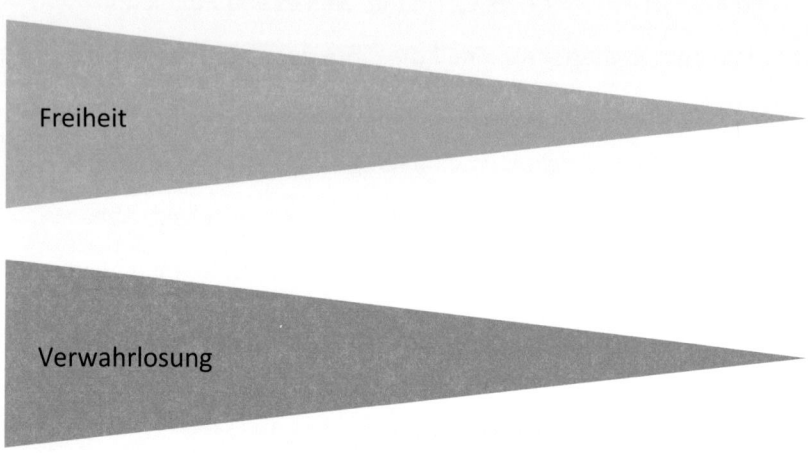

Freiheit

Verwahrlosung

Wenn die Katze aus dem Haus ist, herrscht die totale Freiheit für die Mäuse, denn dann tanzen sie nicht nur auf dem Tisch.

Ein Kleinkind kann sich von Geburt an nicht orientieren, denn das Gedächtnis hat noch nicht ausreichende Informationen gesammelt, um im Leben zu navigieren. Es bleibt für das Kleinkind nur das Nachäffen. Dies ist bei allen Affengattungen sehr deutlich zu sehen, die Mutter macht etwas vor, der kleine Affe macht es nach. Das Kleinkind, das Löwenbaby, der kleine Elefant und der heranwachsende Affe werden alle von Mutter, aber auch von Vater erzogen. Das bedeutet auch, dass sie korrigiert werden. Dem Kleinen werden soziale Regeln beigebracht, ohne die eine Gruppe nicht friedlich existieren kann.

Lässt man den Kleinen in einer theoretisch antiautoritären Welt sich so bewegen, wie es ihm gerade passt, dann ist der soziale Umgang miteinander praktisch nicht vorhanden. Es entsteht eine soziale Verwahrlosung. Erst durch die anschließend entstehenden Kämpfe erkennt der kleine Mensch vielleicht soziale Strukturen und deren Notwendigkeit. Nur ein sehr naiver Mensch erlaubt das antiautoritäre Geschehen ohne jegliche Korrektur der Kleinen. Die Kleinen wissen es nicht besser.

Freiheit 3

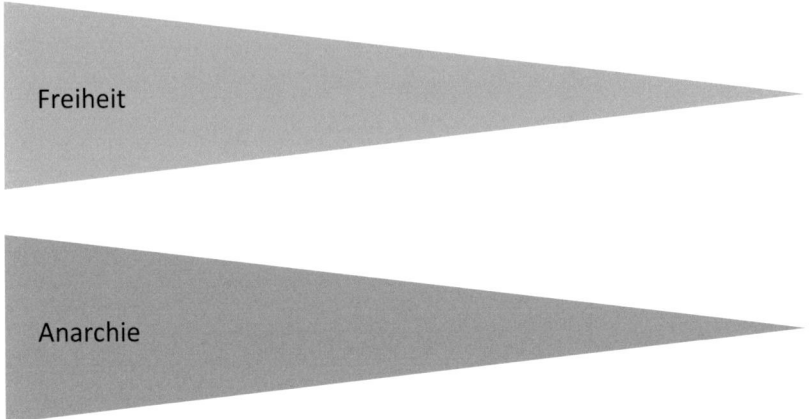

Freiheit

Anarchie

Eine totale Freiheit wird sich als Anarchie zeigen. In der Literatur wird Anarchie als ein Zustand der Abwesenheit von Herrschaft erklärt. Sie findet hauptsächlich in der politischen Philosophie Verwendung. Es entsteht Chaos und Unordnung, soziale Strukturen brechen auseinander. Durch das Vorhandensein totaler Freiheit

macht jeder, was ihm in den Sinn kommt – Rücksicht verliert seinen

Sinn. Durch den Mangel an Ordnung können Mord und Krieg

entstehen und dies weitestgehend ohne Anwendung des

Verstandes.

Freiheit 4

Soziale und gerechte Freiheit bedarf immer wieder des

Abwägens, denn die uns umgebenen Strukturen ändern sich

ständig. Zu viel unbedachte Freiheit ist ebenso gefährlich wie keine

Freiheit, obgleich es in bestimmten Konstellationen durchaus

denkbar ist, temporär mehr oder weniger Freiheit zuzulassen. Wenn

große kriminelle, insbesondere arabische Clans, eine rote Linie

überschreiten, dann ist dort weniger Freiheit ein denkbarer Weg.

Freiheit 5

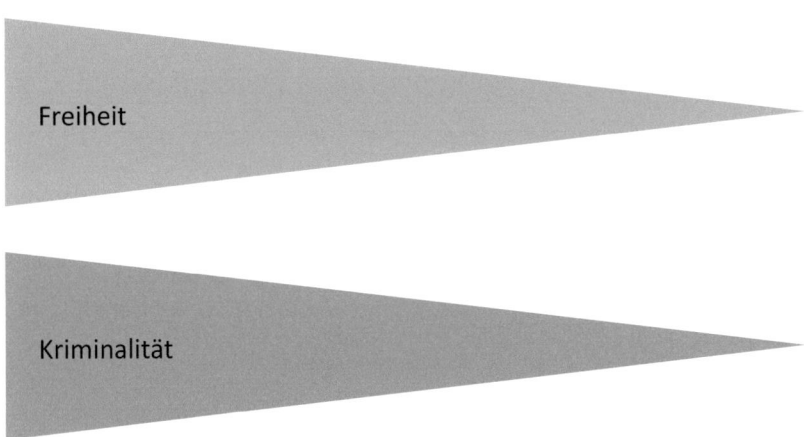

Freiheit

Kriminalität

Gelegenheit macht Diebe. Wird das Freiheitsspektrum so weit verbreitert, dass jegliche Kontrolle und Ahndung entfallen, dann tritt die kriminelle Seite des Menschen zum Vorschein. Ein soziales Chaos entsteht, Bürgerkriege sind dann nicht mehr fern.

Freiheit 6

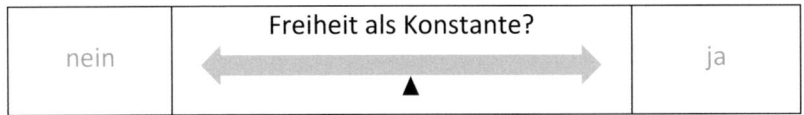

nein	Freiheit als Konstante?	ja

Wir leben und dies bedeutet ständige Veränderungen, auf allen Gebieten. Was macht der kluge Mensch bei hilfreichen Veränderungen? Er passt sich an. Bis zu diesem Punkt wird mir sicherlich jeder Recht geben. Die sozialen und wirtschaftlichen

Strukturen ändern sich ständig. Es ist den meisten Menschen hier im Lande nicht bewusst, doch die Gewährung von Freiheit muss auch dem Zeitgeschehen angepasst werden. Dieser Begriff Freiheit wurde und wird dem Volk als Konstante eingehämmert bzw. ständig vorgebetet. Die Freiheitsgestaltung muss, wie viele andere Dinge auch, dem Zeitgeist angepasst werden. Der Aufschrei kommt dann aus der Flachdenkerszene.

Das deutsche Volk wie auch andere westliche Völker haben sich im Laufe der Jahrzehnte im sozialen Umgang miteinander selbst erzogen. Sie gebrauchen die Worte „danke" und „bitte", sie grüßen freundlich, sind gastfreundlich, vermeiden zu gesellschaftlichen Anlässen Konfrontationen – kurzum, sie wollen ein harmonisches Miteinander leben. Die Ausnahmen lasse ich hier einmal außer Acht. Deutschland ist wirtschaftlich sehr stark, die Menschen sind fleißig und kreativ, wir können auf keine Bodenschatz-Geschenke zurückgreifen. Die Mentalität des Deutschen habe ich beschrieben, aber ist er auch in der Lage, sich im Sozialen und Gesellschaftlichen zu wehren, wenn er angegriffen wird? Hier denke ich an Mentalitäten, die fordern und sich nehmen, was sie wollen, die „danke" und „bitte" nicht kennen usw. Was sagt der Deutsche dann, wie reagiert er, lässt er sich überrennen?

15. Zusammenfassung möglicher Probleme

Thesen

1. Überbevölkerung, insbesondere in Afrika, mit zunehmender Nahrungsknappheit, Bildungsrückstand und den daraus entstehenden Problemen
2. Vermehrte Negativauswirkung (Ausleben des Korans) des Islam mit einhergehender westlicher und nicht mehr umkehrbarer Toleranz
3. Informationstechnologie mit steigender Unsicherheit, Wahrheiten zu erkennen, und Verunsicherung in der Meinungsbildung
4. Verrohung und Verweichlichung der Bürger und deren Spaltung
5. Steigende Bürokratisierung, sinkende Produktivität
6. Massenhysterie und Massenpsychologie
7. Sozialer Diebstahl

16. Altersintelligenz

Der eine oder andere Leser würde den Begriff Altersintelligenz auch als Altersweisheit benennen. Wie auch immer, dieser Begriff deutet auf ein Erfahrungspotenzial im Laufe eines Lebens hin. Das neugeborene Baby kann auf fast keine Erfahrung zurückgreifen, der ältere Mensch schon, doch in welcher Qualität? Ich habe schon einmal in diesem Text davon gesprochen, dass der eine Mensch besser hört als der andere oder besser sehen kann als der andere. Der eine benötigt unter Umständen ein Hörgerät, während der andere seine Sehschwäche durch eine Brille kompensiert. So ist es auch mit dem Aufnehmen, Verarbeiten und Abspeichern von Impressionen bestellt, nur etwas komplizierter. Wenn ein Mensch Schwierigkeiten mit dem Erkennen von Impressionen oder deren Verarbeitung hat, dann wird er vermutlich auch wenig in seinem Gedächtnis abspeichern. Aber geht man davon aus, dass ein älterer Mensch im Vollbesitz seiner geistigen Kräfte über diese Qualität verfügt, dann hat er das durchlebt, was der junge durchlebt und noch durchleben wird. Die Meinung dieses Menschen dürfte dann in den meisten Fällen jeder Sache dienlich sein.

17. Fazit

Der Mensch strebt ein Leben in einer Komfortzone an, dem ist kein Vorwurf zu machen. Wer etwas geleistet hat, soll auch die Früchte dafür ernten, und irgendwann etwas mehr Ruhe einkehren lassen. Wer sich aber in der Komfortzone bewegt, ohne einen nennenswerten Beitrag dazu geleistet zu haben, wird es außerhalb dieser Region nicht so leicht haben, denn dort herrscht im positiven Sinne Kampfgeist und Courage.

Der langsam, aber immer häufiger zu beobachtende Rückzug mancher Menschen in den vergangen vierzig Jahren in diese Komfortzone und das vermehrte Einfordern von sogenannten demokratischen Rechten schabt am wirtschaftlichen und sozialen Geschehen, verändert das Demokratieverständnis.

Wir wissen, Komfort macht träge – Deutschland ist satt, andere Länder sind hungrig. Schauen Sie sich den IT-Fortschritt im Senegal an und vergleichen diesen mit Deutschland. Dies ist zwar ein banales Beispiel, zeigt jedoch die Konsequenzen.

Immer häufiger ist zu beobachten, dass insbesondere in Deutschland Menschen mental nicht mehr dazu imstande sind, zu verlieren. Ein Beispiel für dieses Phänomen ist der heute noch amtierende US-Präsident Trump. Zum friedlichen Stil gehört es auch, wenn Entscheidungen gefallen sind, die Niederlage zuzugeben – auch wenn es weh tut. Schauen Sie sich Länder mit hoch korrupten Verhältnissen an, wir hören davon sehr wenig in den Medien. Wer dort anderer Meinung ist, sitzt ein oder wird einen Kopf kürzer gemacht. Schauen Sie sich in Deutschland gut erzogene Menschen mit Charakter und den Mopp an. Dies gab es schon immer, gibt es jetzt und wird es auch weiterhin geben. Aber das Maß und die Ausprägung bestimmt die Musik.

„Wenn es dem Esel zu wohl wird, geht er aufs Eis." Manche sagen sogar: „... dann geht er aufs Eis tanzen", und manche steigern es noch „... und bricht ein". Dieser Ausdruck wurde typischerweise für übermütige Menschen verwendet. Es geht darum, dass ein Huftier wie der Esel auf dem Eis natürlich keinen Spaß hat. Denn die harten Hufe finden auf dem Eis keinen Halt – und dann liegt er auf dem Bauch. Er tut also etwas, was widersinnig dumm, gleichzeitig aber typisch für einen Esel ist. Es bedeutet also, dass man nichts tun sollte, was einem überhaupt nicht guttut. Agiert eine Person entgegen dieser Empfehlung, bekommt er diesen Spruch zu hören. Der Mensch ist ein Esel, der eine mehr, der andere weniger. Wird der Mensch deutlich und auf extreme Weise gezwungen, die Komfortzone zu verlassen, so werden viele davon zum größten Raubtier auf diesem Erdball – Augen auf und hinhören.

Zum Schluss frage ich Sie als Leser anhand nur eines Beispiels: Wie hätten sich die Beziehungen unter den Staaten und die Menschen untereinander entwickelt, wenn die USA sich nicht in fast jede Möglichkeit des Krieges eingemischt hätte? Geben Sie sich für Ihre Antwort zwei Minuten Zeit, nicht weniger.

Hier nur als Randbemerkung mit der Bitte, nicht sofort Stellung zu beziehen, sondern sich über die praktizierte Tragweite ein Bild zu machen: Es ist falsch, die im Grundgesetz gegebenen Rechte mit gleicher Priorität zu versehen. Es ist richtig, je nach Sachlage, die Rechte in Prioritäten zu gliedern. Was nützt eine ausufernde Demonstration, wenn dadurch eine sich extrem verbreitende und tödliche Pandemie um sich greift und ein Opfer nach dem anderen fordert? Auch derjenige, der diesen einfachen Sachverhalt nicht versteht, darf in einer Demokratie wählen und hat als Flachdenker das gleiche Stimmrecht wie der, der zukünftige Ereignisse erahnen kann. Lassen Sie sich von einem Fleischermeister Ihren Blinddarm entfernen?

Bisher haben wir den allgemeinen Fortschritt auf diesem Erdball als weitgehend angenehm empfunden. Wir können viel reisen, uns stehen viele Annehmlichkeiten des täglichen Lebens zur Verfügung, wenn auch die Umwelt dadurch in Teilen stiefmütterlich behandelt wird. So stelle ich die Frage: Wird in Zukunft Fortschritt für die Menschheit immer noch Fortschritt bedeuten? Insbesondere denke ich hier an Technik, Medizin, Soziales und allgemeines Bewusstseinsdenken für die Realität.

Mit steigender Bildung reduziert sich die Geburtenrate, mit sinkender Bildung steigt sie. Ein reines Rechenexempel, bei dem nur die vier Grundrechenarten und der Blick in die Zukunft erforderlich sind. Ideologie und Fanatismus sind verstandeslose Lebenseinstellungen die mit einem Klebstoff ins Bewusstsein des Menschen verankert sind und sich sehr schlecht lösen lassen.

Nehmen Sie den Verschwörungstheoretikern die Masse weg, dann werden sie zu Robinson Crusoe und der tickt vernünftig.

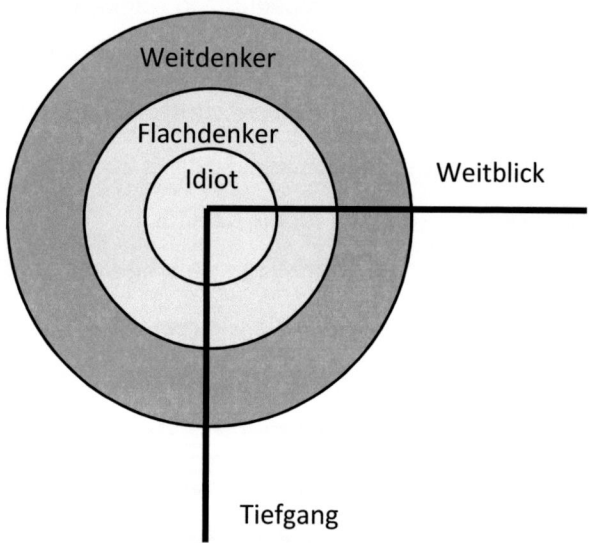

Kulturen haben einen „break even point" um den Idioten und Flachdenker herumtänzeln.